こころ豊かに美しく生きる

私を輝かせる賢い考え方38

石川利江

はじめに

今、日本の女性は、社会の大きな変化の中で生きています。

かつては、「結婚して専業主婦になり、子どもを育て上げる」、そんな生き方が一般的で、それが幸せと考えられていたと思います。

でも、今はそうではありません。

結婚してもいいし、しなくてもいい。家庭に入って子育てに集中してもいいし、もちろん、仕事に全力を注ぐこともできます。

政府が「働き方改革」を掲げるなか「女性活躍推進法」も施行され、女性管理職の割合を高めようという動きも高まり、企業では、昔に比べれば昇進・昇格もしやすくなりました。育児支援に対しても、まだまだ十分とはいえませんが、改善していかなければいけないという意識は高まりつつあります。

これは女性の生き方の選択肢が広がってきたということです。

昔も選択肢はありましたが、他とは違う選択をすることは、とてつもなく大きな勇気が必要でした。それとくらべれば、今は女性ひとりひとりがそれぞれ思い描いたように生きていける、「女性が輝く時代」を迎えようとしているということですから、よろこばしいことと言っていいと思います。

でも、私が出会ってきた女性たちは、そんな社会の流れの中で、みんながみんなワクワクしているわけではありませんでした。仕事柄たくさんの女性たちと接してきましたが、たくさんの選択肢を前にして漠然とした不安や迷いを抱いている人が多いように感じます。

「仕事に打ち込んでいるけれど、昇進できるのだろうか？」「仕事は順調だけれど出会いがない。結婚できるのだろうか？」「家庭と仕事は両立できるのだろうか？」など、いろいろなことを考えてモヤモヤしてしまっている人、考えすぎて身動きができない人が増えているように思えるのです。

迷ったり、悩んだりする気持ちもわかります。

たとえば、洋服を買うとき、「この店はブラウス専門店です。形は同じで、色だけ選べます」ということであれば、すぐに好みの1点を決めることができるでしょう。それが、「ブラウスもセーターもあるし、スカートもパンツもあります。色もバリエーション豊富です」という店だったら、ブラウスを買おうと思っていたとしても、「これもステキ、あれもステキ」と目移りしてしまう可能性が高いですよね？

そういうとき、「これ！」とパッと決められる人もいると思いますが、「どれにしよう…」と悩んでしまう人も多いのではないでしょうか。悩んだ末に、買うのをやめてしまう人もいるかもしれません。

選択肢がたくさんあるというのは一見とても魅力的に感じますが、「たくさんの中から選ぶ」という力が必要になるので、じつは意外に大変です。

でも、考えてみてください。

「たくさんの洋服の中から選ぶことができる」ということは、それだけ「自分に似合うものを選ぶことができる」ということです。

せっかくたくさんの選択肢があるのですから、「ああ、選ぶの大変」とか「めんどくさい」なんて思っていたら、すごくもったいない！　どんどん試着して、より自分に合ったものを選んでいきましょう。

生き方も同じです。自分に合った生き方を選んで、つくりあげていけばいいのです。選ぶことを放棄したり、手を抜いたりしないで、自分でしっかり選ぶことが大切です。輝く未来は自分でつくることができるのです。

女性がさまざまな生き方を選ぶことができるようになったこの時代を、もっと楽しんでいきましょう。

そういう気持ちでこの本を書きました。

「仕事柄たくさんの女性と接してきた」とお話ししましたが、ここで簡単に私の経歴について紹介させてください。

私は、短大卒業後、１９８６年に全日空（ＡＮＡ）に入社し、国内線を経て国際線の客室乗務員となり、国際線チーフも務めました。10年弱で退社して渡米。その後、設立されたばかりのスカイマークエアラインズ（現スカイマーク）に１９９８年に入社し、客室乗員部の立ち上げにかかわり、役員秘書と広報も経験しました。

そして、２００７年に退社し、準備期間を経て２００８年からセミナー講師となり、現在に至っています。

じつは、高校までは共学だったので、短大に入ったとき、「女性だけの環境は自分に合っていないかも。失敗しちゃったかな」と思ったのですが、客室乗務員となって女性の多い職場で長く務めることになったのですから、運命というのは不思議なものですよね。

男女関係なくみんな同じだと思いますが、働いている間、いろいろなことを学びました。

同僚との付き合い方、先輩や上司への接し方、上の人から納得のいかないことを言われたときどうするか、自分のキャリアをどう考えるか、など。

また、産休・育休のときも自分で勉強して、少しでも自分の理想とする働き方に近づけられるように努力しました。

「客室乗務員は女性が多いのだから、産休や育休も会社のフォローがしっかりしているんじゃないの？」と思われるかもしれませんが、私のときは、まだ会社の歴史が浅く、客室乗務員で妊婦になったのが私が初めてということもあって、ルールがきちんとできていなかったんです。それで、自分でいろいろ調べて、「とにかく言ってみよう」というダメモトの精神で、会社に「こういう働き方をしたい」「こうしてもらえませんか？」とリクエストや相談をしながらひとつひとつ進めていきました。今は、企業のフォロー体制も、もっと整っていることでしょう。

当時のことを振り返ると、仕事や女性を取り巻く環境はめまぐるしく変わってきているなと実感します。

最近、女性のみなさんからよく聞くのは「やりたいことが見つからない」「『こうなりたい』と思うような先輩が周りにいない」という言葉です。

でも、それはある程度、仕方のないことなんです。時代はどんどん変わってきているのですから、今までのやり方や生き方が当てはまらなくなったとしても当然なんです。

「お手本がなくて大変」と思いますか？

そんなふうに思わずに、発想を変えてみてください。「お手本がない」というのは「こうしなければいけない」という縛りがないということです。つまり、「自分のやりたい方法でやっていい」「自分の好きな選択肢を選んでいい」ということなんです。

そう考えるだけで、気持ちがちょっとラクになりませんか？

この本では、「自分らしい選択肢を選びたい」と思っているみなさんが、さまざまな現実の中でモヤモヤを感じたとき、それを乗り越えるためのヒントになる考え方をまとめてみました。

私自身の経験を振り返り、自分が選択を迫られたときに考えたこと、周りの女性たちを見て感じたことなど、具体的なエピソードを思い出しながら書きました。

私はまだまだやりたいことがたくさんあり、選択を重ねながら、いろいろなことにチャレンジ中です。みなさんもモヤモヤしていないで、選択肢が豊富にあるこの時代を積極的に楽しみましょう。自分の未来を自分で切り開いていきましょう。そのためにこの本が少しでもヒントになれば幸いです。

石川利江

もくじ

第2章 自分を知って、自分を好きになる方法

第3章　自分が本当にやりたいことを優先する

第4章　自分の周りの人間関係を見直してみる

第5章 「なりたい自分」になって自信をつける

第1章

モヤモヤしている
自分の心に向き合う

「キャリア」＝「生き方」。もっと大きな視野で「キャリア」を考える

1

38

私を輝かせる
賢い考え方

以前、企業で働いている20代半ばの女性と話をしたときに印象に残った言葉があります。それは「結婚や出産で自分のキャリアが途切れてしまうのがイヤなんです」という言葉です。

彼女は、大学を卒業してその会社に入社して約3年。仕事にも慣れて、やる気に満ちていました。たしかに、結婚すれば今までと同じように仕事をすることができなくなるかもしれません。妊娠すれば産休や育休も必要になり、仕事にブランクができてしまうので、そう思うのも当然といえます。

女性にとって悩ましいのは、20代後半から30代という仕事がいちばん乗ってくるときに、結婚や出産を考えざるを得なくなるということです。

彼女と同じように考えている人が多いのではないでしょうか？

でも、私はその言葉を聞いて、「キャリア」という言葉をもっと大きな意味でとらえてほしいなと思いました。

「キャリア」という言葉はさまざまな場面で使われているので、おおざっぱなイメージでとらえている人が多いと思うのです。

仕事の経歴や就職、出世についての言葉だと思っていませんか？

じつは、仕事だけに限った言葉ではありません。

本来「キャリア」とは、私たちが体験する事柄や経験のすべてのことです。働くことも含めて、生き方そのものを指しています。

つまり「キャリアを積む」ということは、その仕事の経験を積むということだけではなくて、その仕事にかかわる過程の中で技術や知識、経験とともに人間性も身につけていくことであって、プライベートも含めた自分自身の生き方を磨いていくということなのです。

「キャリア＝生き方」と考えれば、結婚しても、子どもをもっても、キャリアが途切れることはありません。すべての経験があなたのキャリアなのですから。

「仕事に打ち込む」のも、「結婚する」「子どもをもつ」というのも生き方の選択肢のひとつです。

大切なのは、あなたが何を選んで、自分の人生をどんなふうにつくっていくかということです。

「仕事か、結婚か」と選択肢を絞らずに、もっと大きな視野で自分の人生を考えてみてください。

視野を広げてみると、新たな選択肢が見えてくるかもしれません。

もしかしたら「結婚や出産で状況は大きく変わってしまうのに、自分ひとりで将来のプランを考えても意味がない」と思う人もいるかもしれません。でも、今の時点で、「こんな自分でありたい」というイメージをもつことが大切なのです。

プランはあくまでもプランですから、変更を余儀なくされることもあるでしょう。プランを一時中断したり、プランの順番を変えたりする必要もあるかもしれません。

でも「こんな自分でありたい」という目指すイメージができていれば、途中でいろいろなことが起きても、心の揺れやモヤモヤは少なくなるはずです。信念をもってゴールを目指すことができるはずです。

なりたい自分は自分にしかわからない。大切なのは自分を知ること

2

38

私を輝かせる賢い考え方

これも20代後半の女性の話です。

彼女は、「自分が結婚するとか、子どもをもつとかということがぜんぜんイメージできなくて」と言っていました。

「今、働いて、結婚して、子どもを育てている先輩たちを見ると、あんなふうになりたくないなと思うんです」と言うのです。

私も若いころ同じように思っていたので、彼女の気持ちがよくわかりました。

そして、「後輩のみんなに憧れられるようなロールモデルになってあげられていない先輩の私たちにも少し責任があるのかな」と思い、ちょっと残念な気持ちになりました。

私は仕事も子育ても、どちらも楽しいと思っているので、「子どもをもつことはこんなに楽しいことなんですよ」「仕事と家庭、それぞれで積んだ経験は、ぜったいに自分のプラスになりますよ」ということを話しましたが、彼女の心にはあまり響いていないようでした。

このとき思ったのですが、ロールモデルって本当に必要でしょうか？

もちろん、「あんなふうになりたい」と思えるようなすばらしいお手本があれば、仕事に対するモチベーションが上がったり、自分が目指すべき方向性を設定しやすくなったりするでしょう。

また、ロールモデルとする人が身近な人であれば、その人から若いころの働き方や仕事に必要な努力などについて話を聞くことができるでしょう。さまざまな話を聞くことで、自分の悩みや迷いが解消されたり、よりよいやり方のヒントを得られたりするかもしれません。

でも、そのロールモデルとまったく同じ人生を生きることはできませんよね？

周りの環境や生きている時代が違います。そもそも、あなたはあなたであって、その人とは違うからです。

ではどうするか？

あなた自身が自分の生き方をつくっていくしかありません。「こういう自分でありたい」「こんな母親になりたい」というイメージを自分で考えていくしかないのです。

そして、その答えは他の人に聞いてもわかりません。なぜかというと、自分の中にしかないものだからです。


「こういう自分でありたい」というイメージは、すぐには浮かばないかもしれません。

それを見つけるためには、自分の経験を振り返ってみるのが有効です。例えば、「理想の母親」について考えるなら、あなたとあなたのお母さんの関係を振り返ってみると、イメージしやすくなるでしょう。

さらに、それらをベースにして、「自分は、本当はどういうことを欲しているのだろう？」ということを考えてみてください。

「自分にとって何がいちばん大切なのか？」「どういうことをしているときに充足感を得られるのか？」といったことを自分に問いかけてみると、自分の本当の心を知るヒントになるでしょう。

「こうありたい自分」のイメージは、一度決めたら変えてはいけないというものではありません。いろいろな経験を積むうちに変わることもあるでしょうし、結婚や出産など人生の節目で変わることもあるでしょう。それでいいと思うんです。

大切なのは「自分自身のことを理解すること」です。

私自身も、自分のことを１００％理解できているわけではなく、「自分を理解するための人生」と思っています。そこには、自分の可能性がたくさんあって、自分もまだ知らない自分がたくさんいます。

あなたも、自分の中の自分に問いかけて、本当に自分が欲しているものを探ってみてください。

3

38

私を輝かせる
賢い考え方

人は悪い影響を受けやすいもの。自分はそれに染まらないようにする

私が会社で新人だったころは、上司や先輩に対して「なんでそういう言い方しかできないんだろう？」とか、「そんな言い方をしたら相手がどう思うか考えてないの？」と反発を覚えてモヤモヤすることがよくありました。

新人なので、仕事についていろいろ言われるのは自分が未熟だから仕方のないことです。でも、「どんな親なの？」「どういう育ち方をしたの？」といったことを言われたことがあって、そのときはさすがに「ひどい」と腹が立ち、「そんなことを言うなんて、あなたの育ちが理解できません」と言い返してしまいました。仕事に親は関係ありませんから。でも、今考えると、なかなか大胆な発言をしたものです。

仕事で注意されるのであれば、「これはこうなるから、こういうふうに考えたほうがいいよ」と言ってくれればいいし、「どうしてそういうふうに行動したの？」と聞いてくれればいいんです。

それなのに、非難が先に立つ人は、肝心の仕事のことについてはきちんと説明してくれない傾向があります。

どうしてそういう言われ方をしなければいけないのかもわからないし、仕事のどこが悪いのかもわからないので説明を求めると、「そういうもの」「そんなこともわからないの!?」なんていってごまかされることも少なくありません。

さらに、「この程度しか考えてないだろう」「こういうところしか見ていないだろう」と決めつけられたりします。

そういうとき、私は「どうして他人を自分の価値観の中に押し込めようとするんだろう?」とモヤモヤしていました。

みなさんの中にも同じような目にあってモヤモヤしている人が少なくないのではないでしょうか?

そんなふうに言われたとき、周りの同僚たちは「あんな言い方をするなんて」「あんなこと言われて腹が立つよね」とグチを言い合ってモヤモヤを発散させたりしていました。

私ももちろんモヤモヤしていました。でも、グチで発散するのではなく、「この人も上司や先輩にこういう言われ方をして育ってきたんだろうな」と考えることにしたのです。「悪気があるわけではなく、自分がいつもそういうふうに言われてきたから、私たちに対しても同じように言ってしまうのだろうな」と。

人というのは、とても影響を受けやすいんです。柔軟ともいえるのですが、いい影響も、悪い影響も受けやすく、どちらかというと悪い影響のほうが受けやすいのです。きっと先輩も、はじめは「理不尽だな」とモヤモヤしたはずなんです。「でも、理不尽な思いをずっとしているうちに慣れてしまったに違いない」と自分の考え方を変えてみることにしました。

そんなふうに考えれば、ちょっとモヤモヤがおさまりませんか？

そもそも人は、欠けているところや、自分と違うところに目が行きがちです。

だから、先輩もあなたのそういう部分に目が行って、気になってしまうのでしょう。あるいは、「気になる点を指摘することが、先輩として指導するということ」と考えているのかもしれません。

そして、注意しているうちに止まらなくなりがちです。また、目の前のあなたの反応が気に入らなければ、エスカレートしていく恐れもあります。

私もそういう気持ちを理解できないわけではありません。

今は、かつての上司や先輩が私に対して強く言ったときの気持ちも理解できます。あんなふうに言われたのは、私が期待されていたからなんだな、と。

ただ、それをどう伝えるかが大切だと思います。

部下の立場では、そういう言われ方や、やり方をされることは気持ちのいいことではありません。ですから、「自分はそういう言い方をしないようにしよう」と心に決めました。「絶対にこんな言い方をする先輩にはならない」「こういうやり方はしない」「難しいときもあるかもしれないけれど、できるだけ相手の話を聞こう」と。

それをつねに守るのは、正直なところ、しんどいときもあります。

ついやってしまって反省することもあります。

そんなときは、当時モヤモヤしていた自分のことを思い出して、「いやいや、ダメだ。冷静に！」「なぜ、私は、こんなモヤモヤするの？」と考えます。


そうすると、私の中に相手に対して「こうあってほしい」という気持ちがあって、それと目の前の現実にギャップを感じることがモヤモヤの正体だと気づくことができました。

モヤモヤの原因は自分の中にあったのです。

4

38

私を輝かせる
賢い考え方

イヤな言われ方をしてもクサらない。その中に隠れている有益な種を探す

上司や先輩からは、もう1つ学んだことがあります。
それは、ときに感情的な言い方をする上司や先輩であっても、言われている内容や言葉自体には参考になることや納得できることが含まれている、ということです。

誰でもみんな、上の人から感情的な言われ方をしたら、腹が立つでしょうし、モヤモヤするでしょう。
そんなとき、私は、モヤモヤする気持ちを横に置いて、冷静に上司や先輩の言葉を聞いてみたのです。すると、「ああ、そうか」と思えることがたくさん含まれていることに気づきました。

強い言われ方をすると、「なんで私がそんなこと言われなきゃいけないの!?」なんていう反発心がわいて、素直に言葉を聞けなくなってしまいます。「この人のこういうところが気に入らない」と思ったとたんに、耳がふさがってしまいます。それが普通の反応だと思います。

でも、すべてを拒絶しないで、ちょっと深呼吸をして心を落ち着けて、相手の言葉に耳を傾けてみてください。相手の言葉を受け取ってみるのです。

そもそも上司や先輩は、わずかであっても、あなたより早く会社に入っています。そのぶん、多かれ少なかれ、あなたよりも多くの経験を積んでいます。その経験値をもとに、あなたに指示やアドバイスをしてくれているのです。

とくに肩書をもっている上司は、何かしらの力を認められてその地位についています。がんばってきたからそこにいるのです。会社から認められる部分をもっている人ということです。ですから、視点を変えて「こんな言い方をする人だけれど、どういうところが認められているんだろう?」と、密かに研究してみましょう。そうしているうちに、それまで見えていなかった新たな一面が発見できるかもしれません。

そして、どんな言われ方をしたとしても、モヤモヤなんてしていないで、言われたことをしっかり受け止めていきましょう。あなたに必要なのは、与えられた仕事をきちんとやり遂げて、上司や先輩の期待に応える力です。

実力を身につければ、上司も先輩もあなたを信頼し、あなたが傷つくようなことを言わなくなるはずです。もし、何か言われても、言い返せる関係になっているかもしれません。

社会に出たら、組織に入ったら、自分の好きなことだけやっているわけにはいかないということを心得ましょう。

「私はこれをやりたいんです。でも、これはやりたくありません」なんて言っていられません。「やりたくないことはやらない」、そんなことを言った時点で、自分の能力に蓋をして、自分の可能性を狭めてしまっています。これはとても残念なことです。自分で自分の価値を落としてしまっているのと同じだからです。

苦手だと思うことにもチャレンジしていく意欲をもつことで、周りから認めてもらえるのです。それに、自分では苦手だと思っていることも、やってみたら案外うまくいくかもしれません。苦手なことへのチャレンジは、あなたの可能性を広げるチャンスでもあるのです。

5

38

私を輝かせる賢い考え方

人をねたむのは時間のムダ。その時間は自分磨きのために使う

小さいときから客室乗務員に憧れていたという人もいると思います。私の同期もそうでした。でも、私はそうではありませんでした。

初めて飛行機に乗ったのは中学2年生のとき。夏休みにアメリカにホームステイに行ったんです。まだ1ドル320円の時代だったので、今思えば、よく親が行かせてくれたものだと感謝しています。

おそらく外国のエアラインだったと思うのですが、機内サービスで「コカ・コーラ」が通じなくてコーヒーが出てきて、「あ、『コーク』って言わなきゃ通じないんだ」なんていう体験もしました。

そのとき強く記憶に残ったのは、ものすごくきれいな空の景色でした。そして、漠然と「こんなきれいな光景をずっと見ていられたらいいな」と思ったのです。

高校3年になって将来を考えなければいけなくなったとき、たまたま家にあった女性誌をパラパラと見ていると、国際線客室乗務員（当時は「スチュワーデス」でした）のインタビュー記事が目にとまりました。その人がとてもイキイキしていて、仕事を楽しんでいるように見えました。お給料もよさそうだし、「おもしろそう！」と思ったんです。

そこで進路相談のときに、先生に「客室乗務員がおもしろそう」という話をしたのですが、すごく驚かれてしまいました。それまでその高校の卒業者で客室乗務員になった人がいなかったからです。


じつは私は理系の教科のほうが得意だったのですが、とりあえず英語ができたほうがいいだろうという理由で、短大の英語科を目指すことにしました。

私は高校まで福井で育ったのですが、受験の結果、東京の短大に合格しました。でも、東京に行ってみたら「自分に合わないな」と感じました。そこで、まだ受験できる短大を探し、大阪にある被昇天女子短期大学（87年から聖母被昇天学院女子短期大学。現在は廃止）を見つけました。ここは、授業のほとんどが英語で、日本にいながら留学しているような勉強ができる学校でした。カトリック系で、日本人とアメリカ人とフランス人のシスターがそれぞれ母国語で話しているのに話が通じている光景もすごくおもしろくて、「ここに入りたい！」と入学を決めました。

在学中は、卒業したら地元に帰るかもという気持ちもあったので、中学校の英語の教師になるための教員課程を取っていました。

一方で、2年生の夏休み前に全日空見学会というのがあって、それにも参加しました。

2年生の学生数は120名ほどだったのですが、その半分くらいが見学会に参加していました。当日は、そこで面接もありました。

面接があると聞いていなかったので、みんなはきれいなワンピースなんかを着ているのに、私はチェックのスカートと白のブラウス、オープントゥのサンダルという服装で、ちょっと焦りました。でも、面接は楽しくて、面接官と大笑いしながら話したのを覚えています。

その試験に合格し、大阪で二次試験を受けたのですが、その前日に、御巣鷹山の日航機墜落事故が起きたことは忘れられません。

それでも試験は予定通りにおこなわれ、幸運にも、客室乗務員として採用されることになりました。夏休み中に内定をもらうことができたのです。

同じ学校から採用されたのは3人でした。

このとき驚いたのは、2学期になって学校に行ってみたら、ずっと客室乗務員を目指していたのに試験に落ちた同級生から、「どうしてあなたが!?」というようなことを言われたことです。

たしかに、私はずっと客室乗務員を目指していたというわけではなかったので、「どうしてあなたが」と思う気持ちもわからないでもありません。でも、「どうしてあなたが!?」と言われても、「どうしてあなたは落ちたの?」と思うしかありません。

そんなふうに言われたことで、「人をうらやんだり、ねたんだりしても、何も自分のプラスにはならない」と実感しました。

社会人になってからも同じようなことがありました。

私が新卒で入社したころは「全日空は国内線、日本航空は国際線」という感じで、私も入社後、国内線に配属されました。

ところが、その年に全日空で国際線の定期便の就航が始まったのです。訓練所で訓練を受けているとき、国際線第一期の先輩がいて、すごくカッコよくて、「私もいずれ国際線で活躍したいな」と憧れを抱きました。

支店への配属後間もなく、英語のテストが実施されました。私は何のためのテストなのかまったく理解していませんでしたが、国内線に配属されて約4カ月経ったころ、異動の内示を受け、国際線のチームに配属されることになりました。まだ短大を卒業したばかりだったので、もしかしたら英語のテストでまずまずの点数が取れていたのかもしれません。

国際線チームに入れることはうれしかったのですが、またここでも先輩に「なぜあなたが」と言われることになってしまいました。

このときも、先輩たちは「国際線のチームに入りたい」という気持ちで英語のテストを受けたのに願いはかなわず、私は何のためのテストなのかよくわからないままテストを受けて国際線チームに入ることになったのですから、腹立たしい気持ちはわからないわけではありません。

同期でも何人か国際線チームへの配属された人がいたのですが、同じように先輩から

「どうしてあなたが!?」「国際線チームに入りたいと希望したの?」と言われていました。

でも、人をねたんだり、なじったりしても、結果は変わりませんよね?

相手がいい結果を得たとしても、それは相手があなたを罠にかけて蹴落としたからではありません。相手の実力や運が、多かれ少なかれ、あなたより上だったということです。悔しい気持ちはわかりますが、相手をねたんだところで何の得にもなりません。

うらやんだり、ねたんだりしている時間があったら、自分を磨くことに使ったほうがよっぽど有意義です。

日常の生活でも、つい周りの人をうらやんだり、ねたんだりしてしまうことはあると思います。そんなときは「ああ、こんなことをしている時間がもったいない」と気持ちを切り替えて、人に向けていた意識を自分のほうに向けてみてください。

自分を磨けば必ず輝きが増します。そうすればきっと次は、あなたが「選ばれる人」になります。

大切なのは「信頼されること」。人から信頼される自分を目指す

6

38

私を輝かせる賢い考え方

私が最初に入った会社で学んだことは、2つあります。

1つは、上司や先輩から言われたことにいちいち腹を立てたり、反発したりするのではなく、その言葉を受け止めて、意味を理解することが重要ということです。

それは、社会人として仕事をするにつれて「物事にはすべて理由がある」ということを実感したからです。

上司や先輩から仕事の指示や依頼、仕事の進め方に対して何か言われたとき、「こちらの状況がわかっていない」と思ったり、「考え方を一方的に押しつけられている」と感じたりしがちなのですが、状況を冷静に見てみると、そうではないということがわかったのです。


ある先輩は、自分の経験をふまえて、私に注意したり、アドバイスをくれたりしました。経験値があるぶん、そのときの状況に合った、具体的で現実的なことを言ってくれるので、たとえそれが厳しい言葉であっても、すんなり聞き入れることができました。

また、ある先輩は、私とはまったく違うものの見方をしていて、私とは違う考え方を示してくれました。その言葉で「ああ、そんな考え方もあるんだ」と気づかされたこともありました。

そういう体験を少しずつ積み重ねるうちに、「上司や先輩から言われたことはしっかり受け止めて、なぜそんなふうに言われたのかを考えていこう」と思うようになったのです。

もう1つは、「信頼されなければいけない」ということです。

私がまだ新人だったころ、私の話をなかなかきいてくれない上司が、先輩の話には耳を傾けているということに気づきました。

「どうして私の話は聞いてくれないんだろう？」「どうしたら私の話を聞いてもらえるようになるんだろう？」と思って、その先輩と私の違いを考えてみることにしました。

先輩を見ていると、上司からの指示に対して「これはこういうことでしょうか？」「ここまで確認していただけますでしょうか？」と、相手の意図を理解して、正確に対応しようとしていることがわかりました。

上司から指摘を受けたときも「そうですね。ありがとうございます」と素直に受け止めていました。そういった姿勢と態度が大切なのだと気づきました。

的確に、テキパキと仕事をこなす先輩は、とても頼りがいがある存在に見えました。そんな姿を見てわかったのです。「仕事はチームでこなすものだから、自分勝手な判断で進めてはいけないんだ」「リーダーである上司から仕事を任されるには、自分が信頼に値するチーム員でなければいけないのだ」と。

そして「私が上司に話を聞いてもらえなかったのは、私がまだ上司から信頼されるレベルに達していないからなんだ」と気づきました。上司に話を聞いてもらうには、上司から信頼される人にならないといけなかったのです。

上司や先輩は、多くの場合、「これくらいの仕事をこなす力があるはず」と信頼して部下に指示を出しているはずです。

それをクリアできなかったり、想定されていたものとかけ離れた結果を招いてしまったときに、上司は怒ったり、責めたりするのです。その中にはきっと、仕事がうまくできなかったことだけでなく、「期待していたのに残念だ」という気持ちも混じっていることでしょう。

もちろん、学生であっても信頼を得ることは大切なことです。でも、社会人になったら、その重要性は何倍にも増します。

「仕事ができること」はもちろん、「ルールを守れるか」「礼儀はあるか」といったことすべてが信頼につながります。

「上司や先輩が私の意見を聞いてくれない」とモヤモヤしている人も多いと思いますが、まずは自分が信頼される人になることを優先して考えてみてください。

「私の話を聞いてもらうにはどうしたらいいか？」「私の話を聞いてみたいと思わせるにはどうすればいいか？」を考えるのです。

ひとつひとつの積み重ねが信頼につながっていきます。

じつは、信頼というのは自分の力で手にするべきものなのです。相手から信頼されることを待っていないで、相手から信頼を勝ちとりましょう。

信頼される人になれば、上司や先輩の態度も変わるはずです。

新人のときは怒られたようなうっかりミスも、あなたが信頼される人になれば、きっと笑いながら「どうしたの？」と言ってフォローしてもらえるようになりますよ。

7

コミュニケーションをはかって信頼度の高いチーム員になる

38
私を輝かせる賢い考え方

私は、信頼を得るためにもっとも重要なのは「自分勝手な判断をもとに行動しないこと」「確認を怠らないこと」だと思っています。

新人は、仕事に慣れていないのですから、できることとできないことがあって当然なんです。

もちろん、マニュアルや基本的な事柄については頭に入れ、基本手順に則って業務にのぞまなければなりません。

でも、机の上や訓練所で勉強するのと、実際の現場での業務は違います。現場では、相手も状況も変わるからです。通常通りの進め方ができればいいのですが、もしかしたら思いがけないアクシデントが起きるかもしれません。

そんなとき、頼りになるのは、現場での経験値の高い上司や先輩です。

困った状況になったとき、相談できる相手がいるにもかかわらず、目の前の問題を取りのぞくためだけの安易な行動をとってしまったら、どういうことが起こるでしょうか？

失敗する可能性が高くなるということはわかりますよね？

たとえうまく対処できたとしても、それは表面的なことで、根本的な解決・改善にはならないでしょう。

それに、その仕事の責任を担っているのは上司や先輩などチームのリーダーです。新人の勝手な行動で失敗を招いてしまったら、責任はリーダーがとることになるのですから、独断的な行動はチームにとって迷惑です。

忘れてはいけないのは、会社においては「仕事はチームでおこなうもの」ということです。

ですから、新人はできないことがあってもいいけれど、上司や先輩の指示に従う必要があるのです。そのかわり、上司や先輩たちに助けてもらっていいんです。自分からどんどん助けを求めて、どんどん力を借りればいいんです。

指示されたことでわからないことがあったら、勝手にやってしまわずに「わかりました。○○すればいいと理解したのですが、それで合っていますか？」と確認すればいいんです。

そう聞かれて教えてくれない上司や先輩はいないはずです。ただし、何度も同じことを聞いているようでは、「このあいだも教えたでしょう？　どうして覚えられないの？」と叱られることになるので、「一度教えてもらったことはしっかり覚える」ことも大切です。

もし、どうしても同じことを聞く必要があるなら、「聞き方」を工夫することが大切です。漠然と「わからない」と言うのではなく、どこが理解できていてどこがわからないのかをきちんと伝えてみるといいでしょう。

きちんと確認をとりながら進めていけば、あなたの経験値も上がっていきます。

また、確認をとっておこなったことで失敗したとしたら、それはあなただけの失敗ではなく上司や先輩の責任でもあります。ですから、チームの一員として堂々と仕事を進めていきましょう。

そういった心構えで仕事に取り組むようにしていれば、必ずあなたの信頼度は上がっていきます。

そうしたら、次はあなたが意見を出す番です。

「これはこうしたほうがいいんじゃないかなと思うのですが、どうでしょうか？」と提案してみてください。

きっと、上司や先輩はあなたの話を聞いてくれるはずです。

8

38

私を輝かせる
賢い考え方

今いる世界がすべてではない。他の世界のことも知ってみる

「会社では、仕事はチームでおこなうもの」「上司や先輩に頼っていい」とお話ししましたが、私は、最初の会社を辞めたとき「私は巨大な会社に守られていただけなんだな」と強く感じました。

それまで、仕事には満足していて、やりがいも感じていました。でも、心のどこかで「私はこのままでいいのだろうか?」という漠然とした思いがあったのです。

会社を辞めたとたんに「私から会社をとったら何もない」という思いに駆られました。そしてそこで「ああ、あの漠然とした思いは、こういうことだったんだ」と悟ったのです。

社員だったときは、上司や先輩、会社に守られた世界で、思うように仕事をすることができました。自分はがんばっていると思っていましたが、それはしょせん、その世界の中だけのことです。

客室乗務員をしていたとき、友人から「あなたは非現実的な世界で生きているということを忘れてはいけない」と言われたことがあります。

例えば「『昨日までロサンゼルスにいて、数日したらヨーロッパに行きます』というのは非現実的でしょう?」「空港までの通勤にタクシーを使うとか、客室乗務員というだけでちやほやされるなんて、普通のOLだったらありえないことだよ?」と。

「そういう中にいても普通の感覚を失っちゃダメだよ」と言われて、自分でもその通りだなと思いました。

でも、気をつけようと思っていても、ずっとその世界にいるので、ときどき忘れてしまうんですよね。

世の中もバブルがはじけたりして雰囲気が変わりつつある中で、「もしかして私、このままの感覚だとイヤな人になっちゃうんじゃないかな」「このままでいいのかな」という思いが強くなっていきました。

そんなときに、昔からの「海外で生活してみたい!」という思いがかない、さまざまな人との縁もあって渡米することになり、会社を辞めることになりました。

そして、唯一の場所だった会社という世界から一歩踏み出したときに、「私には何もない」と痛感させられたわけです。

そのとき強く思ったのは「大切なのは、〝私〟から組織を取っても〝私〟が残らなければいけないんだ」ということです。

そのことに早く気づくことができてよかったと思っています。それに気づけたことで、人生に対する視野が広がったような気がするからです。


誰でもみんな、今自分がいる世界がすべてと思ってしまうところがあると思いますが、もう少し広い視野で外の世界を見渡してみてください。

自分の小ささに気づいて驚くかもしれません。あるいは、今まで知らなかった世界を発見できたりするかもしれません。

合わない人とは友だちにならなくていい。「ともに働くチームメンバー」になる

9

38

私を輝かせる賢い考え方

私は、上司や先輩にモヤモヤすることがあっても、わりとすぐに切り替えられるタイプなのですが、モヤモヤがなかなか消えない人も多いと思います。あなたはどちらのタイプでしょうか？

周りの人を見ていると、モヤモヤしても吹っ切れる人と、なかなか抜け出せない人の違いは、上司や先輩に対するとらえ方が違っているように思います。

モヤモヤからなかなか抜け出せない人は、「上司や先輩は完璧な人でなければいけない」と、無意識のうちに相手に多くを求めているのではないでしょうか？

スーパーマンのように何でも完璧な上司や先輩がいたら、頼りがいがあっていいと思いますが、残念ながら上司や先輩も同じ人間です。失敗することもあれば、機嫌が悪いこともあるんです。みんな同じなんです。

ですから、「どうしてそういう言い方をするの!?」とか「どうしてそういう態度なの!?」と思うことがあっても、「しょうがないな」と、ちょっと上から目線で受け入れてあげてはどうでしょう？

いつもイヤミな感じの言い方をする先輩も、本人はそんな言い方になっていることに気づいていないのかもしれません。それをあなたが直してあげるのはムリです。

もし、相手に気づいてほしいなら、正直に、イヤな思いをしていることを伝えてみてください。「私はあなたにそういう言われ方をされると、とても悲しいんです」と。

それでもダメなら、「直せないクセなんだな」と思って、寛大な気持ちで受け止めてあげましょう。

人と人の関係は、相手と自分がいて成り立ちます。相手といい関係でないとしたら、それは相手のせいだけではありません。あなた自身の言動も影響を与えているのです。

だから、あなたがその相手に対してカリカリしなければ、きっと相手の言動もやわらいでくるはずです。

それと、上司や先輩と友だちになる必要はありません。

もちろん、仲良くなれればそれに越したことはありませんが、ソリの合わない上司や先輩と無理して親しくならなくてもいいんです。

「よそよそしくしていい」ということではないので誤解しないでくださいね。

私がおすすめするのは、「ともに仕事をする仲間」と考えることです。


上司や先輩を尊重することは当然のことです。でも、友だちになる必要はまったくありません。上司も先輩も「一緒に働くチームメンバー」なのです。


チームでおこなうスポーツをイメージしてみてください。チームメンバーは仲間であって、必ずしも全員と友だちというわけではありませんよね？　それでも、「試合に勝つ」「もっと上達する」といった目標に向かって一緒にがんばることができます。

職場もそれと同じだと思うんです。上司も先輩も同僚も後輩も「仕事という目標に向かって一緒にがんばる仲間」です。

そんなふうに考えると、きっとモヤモヤした気持ちになりづらくなりますよ。

10

38

私を輝かせる
賢い考え方

不安やモヤモヤを感じたら自分の心と真剣に向き合ってみる

最近、「やりたいことがわからない」とモヤモヤしている人が多いように感じます。

でも、真剣に「自分のやりたいこと」について考えてみたことがありますか？

考えたことがないから「私には夢がない」と思うのではないでしょうか？　あるいは、「夢はあるけれど自信がない」からモヤモヤしている人もいるかもしれませんね。


仕事でがんばっている女性も、「このままでいいのだろうか？」「結婚できるのだろうか？」と漠然とした不安でモヤモヤしている人がたくさんいます。

あなたはどうでしょうか？


仕事でがんばっている人が陥りやすいのは、目の前の仕事のことしか視野に入らなくなり、その先のことが見えなくなってしまうという状態です。

やらなければいけない仕事があると、それに忙殺され、他のことを考える時間も気力もなくなってしまいます。

なかには「忙しい＝がんばっている」と考えて、「忙しい私ってすごい」と思っている人もいます。「寝る時間がなくて」「最近、休みをとっていなくて」と、ちょっと自慢げに言う人もいますが、それは自慢ではなくて不幸です。

「私はこれでいいの？」とモヤモヤしたら、まずは一度立ち止まって、「自分のやりたいこと」について真剣に考えてみましょう。

そうすると、「本当にやりたいことは別にあるから、それに向けて準備を始めよう」とか「数年後に転職を目指そう」といった目標が見えてくると思います。あるいは、「年齢的に転職はムリ。ここでやっていくしかない」「仕事は給料をもらえればＯＫ。私は趣味に生きる」という人もいるかもしれません。

大切なのは、そうやって自分の方向性を決めることです。「これでやっていく」と決めれば、モヤモヤは解消されるはずです。

また、同僚や友だちの結婚や出産のニュースを聞いてモヤモヤしてしまう人も同じです。

モヤモヤするのは、「自分は結婚したいのか、したくないか」が自分の中で決まっていないからです。本当は結婚したいのに「仕事が忙しくて出会いがない」なんて言っているからモヤモヤするんです。

今は自由な時代なのですから、「仕事に生きる」でも、「結婚して子育てをする」でも、「仕事も家庭も両立する」でも、自分で選んでいいんです。

「私は結婚せずに仕事に生きるの」と思ったら、仕事に打ち込んでいきましょう。「将来、ひとりでいるのは寂しい。結婚したい」と思うのなら、がんばって時間を捻出して、出会いがありそうな場所にどんどん出かけていきましょう。

一度決めても、考えが変わることがあるかもしれません。そのときはそのときで、また立ち止まって考えればいいんです。

仕事を言い訳にモヤモヤするのはやめましょう。自分を見つめ直せば、そのモヤモヤはすっきりします。

第2章

自分を知って、自分を好きになる方法

自分のことを客観的にチェックして自分をもっと好きになる

11

38

私を輝かせる
賢い考え方

自分に自信をもつためにもっとも重要なのは、自分を好きになることです。自分が好きになれない自分を、他の人が好きになってくれるはずがないと思いませんか？　だから、まずは自分のことを好きになりましょう。そして、自分を大切にしましょう。そのためには「自分のことをよく知る」のがもっとも効果的です。

私はどちらかというと、いろいろ考えたり悩んだりしている自分を、もうひとりの自分が見てコントロールするというタイプです。「さて、どうしたものか…」と考え込むことがあっても、もうひとりの自分が「考えすぎ！　考えすぎるから複雑になるのよ。もっとシンプルに考えようよ」と思うことができ、自分のバランスを保つのに役立っています。

私と同じようなタイプの人は客観的に自分を見ることができると思います。そうでない人も、もうひとりの自分をイメージして、自分を客観的に見つめてみてください。

自分を客観的に見つめるといっても漠然としているので、もっと具体的な方法として、自分の長所と短所を改めて考えてみましょう。

意外と「短所は思い浮かぶけれど、長所はなかなか思いつかない」という人もいるかもしれません。そういう場合は、周りの人から言われたり、評価されたりしたことを思い出してみてください。自分では気づいていなかったところを周りの人が気づいてくれているかもしれません。

もしかしたら「ああ、自分にはあんまりいいところがないな」と思う人もいるかもしれません。

でも、「いいところがない」なんて簡単に思わないでください。

誰にでも長所と短所があります。大切なのは、「長所がたくさんあるかどうか」ではなく、「長所と短所から自分自身を知る」ことです。

それに、案外、自分では「当たり前」と思っていることや、「悪いところ」と思っていることが、他の人から見たら「いいところ」だったり、「すごいこと」だったりすることもあります。

「私はこれといった特技もないし」「私は資格ももっていないし」なんて思う人もいるかもしれませんが、特技や資格だけがその人のいいところというわけではありません。大切なのは内面です。

名門大学を卒業しているとか、TOEICで高得点を取れるなんていうことよりも、「人にやさしくできる」「気配りじょうずだと言われる」など、人としてもっているもののほうが何倍も重要ということです。

自分の内面の「いいところ」をしっかり見つけて、認めてあげましょう。

また、長い間、専業主婦だった人が「私は家事しかできなくて、何もスキルがない」なんて言っているのを聞くこともありますが、そんなことはありません。

主婦業というのは総合的な力が必要とされますから、それをこなせるというのはすごいスキルがあるということなんです。もっと自信をもちましょう。

長所と短所を書き出して自分のイメージを〝見える化〟する

12

38

私を輝かせる賢い考え方

考えてみた自分の長所と短所を、ここに書き出してみましょう。
書くことで頭の中のイメージがよりいっそう明確になってきます。
思いついたものを、いくつでも書いてみてください。

［自分の長所や特技］

［自分の短所や弱点］

長所と短所、どちらも書けたでしょうか？

「長所のほうが自信をもって書ける」という人と、「短所のほうがたくさん思いつく」という人がいると思います。私はこれまで、さまざまな人にこの「長所と短所を書く」ワークをやってもらっていますが、短所をたくさん書く人のほうが多かったように感じます。

また、若い人よりも、年代が上の人のほうが短所から書き始める傾向があるようです。

「自分のいいところがなかなか思いつかない」という人は、「自分ができること」を考えてみるのも効果的です。

例えば、「小学校のときから高校までずっとピアノを続けていたので、少しは弾けます」という人もいるのではないでしょうか？

「今はやっていないのでピアノは特技というほどでもない」と思うかもしれませんが、そんなに長期間、練習を続けていただなんて、ものすごく「持続力がある」ではありませんか。

そんなふうに言うと、「ただ親に言われてやっていただけなので」なんて言われたりします。でも、親に言われてやっていたとしても、本当にイヤだったらレッスンに行かなくなってしまうはずです。長く続けられたのは、それだけ「持続力がある」ということです。もし、親に言われていやいやレッスンに通っていたとしても、長く続けられたのなら、かなり「忍耐力がある」といえるのではないでしょうか？

そんなふうに、視点をちょっと変えて考えてみてください。そうすると、自分で気づいていなかった長所や短所がきっと見つかります。

長所も短所も
今までの積み重ねの結果。
今ここにいる自分に納得する

13
38
私を輝かせる
賢い考え方

あなたが書き出した長所と短所を、改めて見つめ直してみましょう。

そこには、あなたが経験してきたこと、学んできたこと、どういう人に出会ってきたか、どういう人に助けられてきたかということが散りばめられています。

現在の自分というのは、いろいろな過去を積み重ねてきた結果です。

「今の自分はどうやってできあがってきたのだろう？」と考えてみてください。

さまざまな出来事があったり、友だちから刺激を受けたり、先生や仲間から言われたことに影響されたりしてきたと思います。その中で、いろいろなことを自分なりにとらえて、たくさん考えて、さまざまな人生の分かれ道で選択を繰り返しながら進んできて、今そこにあなたはいるのです。

ですから、「今の自分というのは、自分で取捨選択してきた結果だ」ということを忘れないでほしいのです。

もしかしたら、「親が決めたからこの学校に行きました」「母親の強い希望でこの仕事につきました」という人もいるかもしれません。

でも、親が決めたとしても、入学試験を受けたのは父親ですか？　入社試験を受けたのは母親ですか？　入学試験を受けたり、入社試験を受けたりしたのは他ならない自分ですよね？


ということは、その選択肢を、最終的には自分で選んで行動しているんです。すべては行動を起こした結果です。

それがたとえ、親に言われたことがきっかけになっているとしても、あなたが選んだことです。「ここは逆らわずに親に従っておこう」としぶしぶその道に行ったとしても、それを選んだのはあなた自身なんです。


今までの自分を振り返ってみると、小さいことから大きいことまで自分で決めてきているることがわかるはずです。

友だちに悪い遊びに誘われたとき、「ちょっと気が乗らないな」と思いながらその誘いに乗ったとしても、それは、あなたが「誘いに乗るか、乗らないか」と考えて、「乗る」という選択肢を選んだ結果です。

試験勉強のとき、「勉強しなきゃいけないけど、テレビ見ちゃおう」と思ったとしたら、それはあなたが勉強よりテレビを選んだということです。その結果、いい点数をとれなかったとしても、自分が選択した結果です。

あなたの長所と短所も、そういう過程や選択を経てできあがってきたものです。どんな長所や短所も、あなたがつくってきたのです。どんなことも人のせいではありません。すべて自分の考えと選択、行動の結果です。

そうやって考えると、いいか悪いかは別として、自分の長所にも短所にも納得がいくのではないでしょうか？

14

38

私を輝かせる
賢い考え方

長所はつねに長所ではない。過剰になれば短所になることを忘れずに

自分が書いた長所と短所をよく見てみてください。何か気づくことはありませんか？
じつは、長所と短所というのは背中合わせのことが多いのです。

例えば、私だったら、長所の欄に「積極的」と書いて、短所の欄には「余計なひとことを言ってしまうところ」と書きます。

私にはよくあるパターンなのですが、上司や先輩ともコミュニケーションをとりたいので、上司に「すごいですね」と言ったり、「先輩、さすがです」と言ってみたり、自分から積極的にどんどん話しかけます。

でも、そのときに、つい「さすが年の功ですよね！」なんて余計なことを言ってしまいがちなんです。「勉強になります」とか「経験って大切ですね」といった言葉で抑えておけばいいのに、「積極的」というレベルを突き抜けてしまって、「言いすぎ」になってしまうというわけです。

それで先輩に「そんなこと言って」と怒られたりしたのですが、そこでまた「そうですよね。思っても言っちゃダメですよね」なんて言ってしまって、さらに怒られたりしたこともありました。そのあとの私はもう最悪でした(その状況を自由に想像してみてください)。

他に長所と短所の背中合わせの例をあげるとしたら、「行動力がある」のが長所の人は、「せっかち」や「ちょっと独断的」というのが短所かもしれません。「まじめ」が長所という人は、「ガンコ」や「臨機応変に対応するのが苦手」というのが短所かもしれません。

つまり、長所はつねに長所とは限らないということです。

状況によっては、長所が短所になってしまうこともあるということを覚えておいてください。ちょっとしたことで長所と短所のバランスは崩れやすく、いいほうに転べば長所になり、悪い方に転べば短所になるというわけです。

ですから、「私はこれが得意」「これは自信がある」と思うことでも、油断しているとマイナスポイントになることがあるので注意が必要です。得意なことであっても、慢心していると思わぬ失敗を招くということを忘れないでください。

油断や慢心を防ぐには、周りの人から言動を注意されたとき、素直に受け止めて、反省するようにするのが効果的です。

最近は、注意したり怒ったりしてくれる人は少なくなっています。きちんと指摘してくれる人は、あなたにとって大切にすべき人なのです。

せっかく注意や助言をしてくれたのに、反発したり、落ち込んだりするのはもったいないことです。そのアドバイスを、自分を振り返るきっかけにして、自分をいい方向に向けていきましょう。

私も先輩に「言いすぎよ」なんて注意されることもありましたが、いつも「申し訳ございません」と素直に謝っていました。

そんなふうに注意してもらうことで自分の注意すべきところに気づけます。そのうえ、そういった言葉のやりとりもコミュニケーションのひとつですから、明るく素直に対応すれば先輩との距離も縮まって一石二鳥というわけです。

長所と短所は紙一重。うまく使えば短所も長所に変えられる

15

38

私を輝かせる賢い考え方

「長所と短所は背中合わせ」とお話ししましたが、それと同時に「長所と短所は紙一重」です。ですから、自分の長所と短所をよく知って、うまく使っていけば、短所もいい方向へもっていくことができます。

私自身の体験をお話しすると、私は積極的なタイプですが、意外に心配性なところがあります。客室乗務員だったときは、つねに最悪の状態を想定して、それを起こさないような立ち居振る舞いや、先を考えた行動を心がけていたので、それが今も身体に染みついているのかもしれません。

なので、何かするときは、「ちょっと待って。本当にこれでいいのだろうか?」とネガティブに考えてしまいがちです。そういうところは、自分では「心配性すぎる」と感じていて、弱点の1つだと思っていました。

ところが後輩は、私のそういうところを見て「すごく考えてくれていますよね」と言ってくれました。私は「心配だ」と思って、抜けがないか、もれがないか、必要以上の見直しを一生懸命にしていたのですが、それを「慎重に考えている」と評価してくれていたのです。自分では短所と思っていた部分を、後輩は長所として見てくれていたことに驚きました。

こんなふうに、自分では短所と思っていることが、周りの人からは長所だと評価してもらえることが少なくありません。

私がセミナーで見てきた女性たちを振り返ってみると、自分の短所として「他人のことは細かいところまで気になるのに、自分のことにはおおざっぱなところ」とあげている人が少なくありませんでした。

でも、「他人のことが気になる」というのは、「周りの人や周囲のことをしっかり見ている」ということです。「ちょっとしたことにも気づくことができている」ということです。そして、「自分のことにはおおざっぱ」というのは、自分のこともよくわかっているということです。

つまり、「他人のことも自分のことも冷静に見ることができる」ということができます。そう考えれば、十分に長所といえますよね？

「短所かな？」と思えることも、あまり悪い方へ悪い方へと突き詰めないことが大切です。視点を変えて、自分で自分をいい方向へ向けていきましょう。

また、短所を長所にするには、「限度を知る」ということも重要です。

例えば、私は自分の意見をはっきり言いたいタイプで、その発言が適度であれば「積極的」と評価してもらうことができます。でも、それが度を超えてしまうと、「でしゃばっている」「ずうずうしい」と思われてしまい、マイナスの評価を受けることになってしまいます。

学生なら「自分の意見がある」と評価されるかもしれませんが、社会に出たら同じように評価を得られるとは限りません。職場によっても違うと思いますが、新人なのにむやみに上司や先輩に意見を主張したりすると、「口答えしないで」「あなたには聞いていない」なんてピシャリとたしなめられたり、痛い目にあってしまったりすることもあります。そういう状況自体に問題があるといえるのですが…。

でも、新人のころは、それでいいんです。

そういう経験をして、「伝え方」を覚えていけばいいのだと思います。「どうしたら伝わるんだろう」と考えることが大切なのです。

私もそうやって、少しずつ覚えていきました。そして、やがて「ここが引き際だな」とか「もっと根回しをしてから意見を言おう」とか、戦略も立てられるようになっていきました。

一方で、私は、「痛い目にあうから、言いたくても言わないでおこう」とは思わないように心がけていました。「はっきり意見を言う」というのは私の長所だからです。

長所は長所として失わないようにしてください。注意すべきなのは、長所を短所にしないように「適度を知る」ということです。

そのためには、もうひとりの自分を発動して、ときどき自分を客観的に見てみるようにするのも効果的です。

「ありのままの自分」の本当の意味を知ってありのままの自分を目指す

16

38
私を輝かせる
賢い考え方

長所と短所を書いてもらうと、年代が上の世代は短所から書き出す人が多いのですが、若い世代は長所から書き出す傾向があるようです。

とくに、いわゆる「ゆとり世代」と言われる世代の人たちは、自分の長所をパパッと書ける人が多いように感じます。

長所も短所もきちんと書けるというのは、自分のことをよくわかっているということですから、すばらしいことです。

でも、最近ちょっと気になるのは、「長所は長所、短所は短所。ありのままでいい」と、簡単に自分を肯定してしまっている人が多いことです。

「ありのままでいい」というのは、「今のまま、変わらなくてOK」「今のままの自分がすばらしい」ということだと思っていませんか？

でも、「ありのままでいい」という言葉の本当の意味は、「ずっと今のまま、変わらなくてOK」ということではありません。

もしも、「今のまま変わらなくていい」ということであれば、「私はつい攻撃的な言い方になってしまうけれど、それが自分だから、そのままでOK」「約束を守れないけれど、それが自分だから、そのままでOK」「なかなか仕事を覚えられないけれど、それが自分だから、そのままでOK」「意見の合わない人がいるけれど、これが自分だから、そのままOK」ということになってしまいませんか？

そんなふうに「変わらなくていいんだ」と勘違いしてしまうと、成長できなくなってしまいます。

「ありのままでいい」という本来の意味は、「自分の本質や価値観は変えなくていいんだよ」「長所も短所もある自分を認めていいんだよ」ということです。

人も世の中もどんどん変わっていきます。その中で「自分のすべてを受け入れたうえで、周囲とともに成長していく」というのが、本来の「ありのまま」のあなたの姿なのです。

「ありのままでいい」という言葉を聞くと、映画『アナと雪の女王』の主題歌「レット・イット・ゴー～ありのままで～」を思い出しますよね？

この曲でも「ありのままの自分でいい」と歌われていますが、けっして「今のままの自分でいい」とは言っていません。「私は変わるの」と歌われています。「このままじゃダメだ」「自分を好きになって、自分を信じて、歩きだそう」という前向きな歌なんです。

「ありのまま」でステキな人というのは、今の自分に満足して慢心している人のことではなく、自分の本質や価値観といった芯をしっかりもちつつ、自分らしい魅力を付け加えていける人のことです。

みなさんも、自分の長所と短所をすべて受け入れながら、磨くところは磨き、改善するところは改善して、ありのままでステキな自分を目指していきましょう。

何もスキルがない人はいない。自分の成長と身につけたスキルを確認する

17

38

私を輝かせる賢い考え方

特技やスキルという面からみると、「私はこれといった特技がない」「私にはスキルがない」という人も少なくないように思います。

でも、本当に何もないのでしょうか？

私は「まったく特技やスキルのない人なんていない」と思っています。

人は多かれ少なかれ、いろいろな経験を積みながら生きています。特技とまではいかなくても、さまざまなスキルを身につけているはずです。

3年くらい前の自分を思い出してみてください。

例えば、仕事をしている人は、今は普通にサクサク進めることができる業務は、当時も同じようにできていましたか？

今、普通に電話応対できる人も、「新人時代は電話に出るのが苦手だった」という人が少なくないのではないでしょうか？

以前は先輩に教えてもらったり、怒られたりしながらやっていたことも、今は自分で判断してできるようになっていることがたくさんありますよね。さらに、今度はそれを後輩に教える側になっていたりするはずです。

そんなふうに、以前はなかなかできなかったり、苦手だったりしたことも、「よくわからない」「大変」と思いながら、がんばってやってきたからできるようになったんです。それは立派なスキルだと思いませんか？

おそらく、コツコツやってきて、気づかないうちにできるようになっていたということが多いでしょうから、自分ではなかなか気づかないかもしれません。

でも、「私には何もスキルがない」なんて思ったときは、かつての自分と今の自分を比べてみてください。きっと「成長しているな」と実感できるはずです。そして、そんな自分にちょっと自信がもてるのではないかと思います。

大切なのは、そうやって自分を振り返り、がんばってきた過程を評価してあげることです。

ただし、注意が必要なのは、そうやって少しずつがんばってきた過去があって今の自分があるのに、それを忘れてしまいがちなことです。

自分も最初はできなかったのに、それを忘れて、後輩や部下に「どうしてこんなことくらいできないの？」なんて言ってしまいがちなんです。あなたはつい言ってしまったりしていませんか？


後輩や部下に小言を言いたくなったら、ちょっと立ち止まって、「自分はどうだったかな？」と考えてみてください。「そういえば、私もできなかったな」「先輩にコツを教えてもらったな」と思い出すことができれば、すこしイライラした気持ちがおさまるかもしれません。

また、「この業務をうまくこなせたとき、先輩に褒められてうれしかった」「失敗したとき、先輩にあんな怒られ方をしてすごく悔しかった」など、かつての気持ちを思い出してみることもあなたのプラスになります。自分の経験を参考にすれば、後輩や部下に対して、きっといい接し方ができるようになるでしょう。

自分について
もっと真剣に追究してみる。
そうすれば自信もついてくる

18

38

私を輝かせる
賢い考え方

いろいろなセミナーをしてきて驚くのは、そこそこの経験やスキルがあるのに「いまいち自分に自信がもてない」という人が多いことです。

私から見たら、いいところがたくさんあるのに、「自信がない」というのは、もったいないことだなと思います。

どうして自信がもてないのでしょうか？

それは、そもそも自分のことをしっかり考えてみたことがないからではないかと思います。

「自分はどういう人間か」「自分はどうありたいか」「自分は何をしたいのか」ということを真剣に考えてみることが大切です。

そう言うと、「自分は考えている」と思うかもしれませんが、自身がもてないのは、きっと、まだまだ考えることが足りていないからです。表面的なところではなく、もっと深いところまで突き詰めて考えてみる必要があるのです。

もしかしたら、毎日の仕事に追われて考える時間がないかもしれません。通勤ラッシュはつらいし、仕事も楽しくないしという現実に失望しているかもしれません。周りに尊敬できるような先輩がいない状況で希望を失っているかもしれません。

たしかに働くことは楽しいことばかりではありません。つらいこと、楽しくないことがたくさんあります。だからといって、何も考えないで、不満を言いながら今の状況に甘んじているだけだったら、あなたの長所も埋もれていってしまいます。

また、若い世代の人たちを見ていて気になるのは、「指示されればやります」「言われればやってあげてもいいけど」という姿勢の人が多いことです。

せっかくすばらしい特技やスキルをもっているのに、それを誰かが見つけてくれるのを待っている人が多いように思うのです。

でも、会社の上司や先輩は、あなたの先生ではありません。あなたの特技やスキルを見抜いて、手取り足取り教えてくれたりしません。あなたにどんなに才能があっても、それを見つけてもらうのを待っていたのではダメなのです。

例えば、希望していた大企業に入社したのに「こんなはずではなかった」とすぐに辞めてしまうケースがあります。

そうやって辞めた人からは、「大企業というイメージを重視して入社したけれど、仕事そのものは思っていたものと違った」という話をよく聞きます。

これは、会社の大きさや知名度といった表面的なところを重視して、「自分は何をやりたいのか」ということを二の次にしてしまったことが招いた結果です。もっと自分のやりたいことについて真剣に考えてから会社を選んでいたら、入社してから落胆することもなかったでしょう。

「自分に自信がもてない」と思う人は、まずは、「なりたい自分」「やりたいこと」を一生懸命に考えてみましょう。そして、それに向かって力を尽くしてみましょう。

そうすれば、がんばっている自分に少しずつ自信がもてるようになってくるはずです。

19

38

私を輝かせる
賢い考え方

自分をもっと活かしたいなら「自分の活かし方」を自分で考える

一般的には、自分にあまり自信がないという人のほうが多いように思いますが、もちろん、「自分に自信がある」「自分のことが大好き」という人もいますよね。

そういう人は何もモヤモヤすることがないかというと、けっしてそうではないはずです。よく聞くのは、「自分は経験やスキルが十分あるのに、周りから評価してもらえない」「自分の経験やスキルを、今、十分に活かせていない」といった迷いや悩みです。

たしかに、すばらしい経験やスキルがあるのに評価してもらえなかったり、活かせなかったりするのは残念なことです。

でも、その経験やスキルを評価してもらったり、活かしたりするための方法を、本当に、真剣に考えてみたことはありますか？

例えば、「ピアノが特技」という人も多いと思いますが、なかには「せっかくの特技を何かに活かしたいのに、どうしたらいいかわからずにモヤモヤしている」という人もいるのではないでしょうか？

でも、その特技を活かすために、「ピアノが得意」ということを周りにアピールしていますか？

あなたの特技もスキルも、アピールしなければ、残念ながら、周りの人には認知してもらうことはできません。「誰かが見つけてくれるのをただじっと待っている」なんて、時間のムダだと思いませんか？

まずは、「自分がピアノという特技をどう活かしたいのか」を考えてみましょう。

「ピアノを仕事にしたい」という人もいるでしょうし、「ただ誰かに聴いてもらいたいだけ」という人もいるでしょうし、「子どもたちに教えたい」という人もいるでしょう。「教えることはできないけれど、レストランで弾いてみたい」という人もいるかもしれません。

そして、自分がどうしたいかがわかったら、それを周りにアピールしてみましょう。もしかしたら、誰かが、あなたが特技を活かせる場に導いてくれるかもしれません。すぐに成果はないかもしれませんが、まじめにアピールしていれば、きっと展開がのぞめるはずです。

「自分の経験やスキルを周りが評価してくれない」とモヤモヤしている人は、自分の実力に満足するところでストップしてしまっていることがほとんどです。

その状況から抜け出すためには、自分で行動するしかありません。

「自分はどうしたいのか」をしっかり認識して、そのために少しでもいいので動き出すということが大切です。

他人任せにしてはダメです。自分のモヤモヤを晴らしたかったら、自分で考えて、自分から行動しましょう。

第3章

自分が本当にやりたいことを優先する

モヤモヤするのは視野が狭いから。自分の芯を固めれば道は見えてくる

20
38
私を輝かせる
賢い考え方

一生懸命がんばって働いているのに、「このままでいいのかな」とか、「ここは私の居場所じゃない」とか、モヤモヤしている人が多いように感じます。

そんなふうにモヤモヤするのは、目の前のことを片づけることだけに精一杯になってしまっているからではないでしょうか？

女性たちからは、「本当は英語の勉強をしたいのに仕事が忙しすぎて時間がとれない」「夕食は自分でつくりたいのに、帰宅時間が遅くて自炊できない」「休日はジムに行って運動したいのに、疲れがたまっていて行く気になれない」なんていう話をよく聞きます。

もちろん、やるべきことを片づけることは大切です。会社では、メールの処理や会議などに追われたりしがちだと思います。仕事だけでなく、わずかな自分の時間に、銀行に行ったり、買い物に行ったりといった私用も片づけなければいけなかったり、毎日あれこれ時間に追われがちです。

でも、やらなければならないことをただ順番に処理しているだけでは、やりがいを感じることができませんよね？　自分のスキルも上げることができず、自分がどんどんすり減っていってしまうでしょう。

それに、時間は限られています。どんなにがんばっても、1日は24時間、1年は３６５日しかありません。

大切な時間を、何に使うか、誰のために使うかは、あなたが選ぶことができるのです。あなたが選ぶべきなのです。

ですから、きちんと考えて、自分にプラスになる選択をしていきましょう。充実感のある仕事や生活ができるかどうかは、あなたがどんな選択をするかにかかっています。

ただ、選択をするとき、つねに迷わないでパパッと決められる人は多くないのではないでしょうか。たいていの人は、選択肢を前にして、多かれ少なかれ悩んでしまうのではないかと思います。

そういうときに指針になるのは「自分の価値観」です。つまり、何をいちばん求めているか、重要視しているかということです。

価値観というのは自分の芯となるものです。自分の芯がしっかり固まっていれば、選択に迫られる場面でも大きくぶれることはありません。

みんなそれぞれ自分の価値観をもとに生きているのですが、自分の価値観をしっかり自覚している人は少ないように感じます。

自分にとっていい選択をするためには、自分の価値観を知ることが大きな助けになります。

価値観を指針にすれば、自分の進むべき道が見えてくるでしょう。どんな道を選べばいいか、何を優先すればいいかもはっきりしてくるでしょう。そうすると、今の自分をどう変えていけばいいかもおのずとわかってくるはずです。

21/38

私を輝かせる賢い考え方

「価値観チェック」で自分の中にある価値観を認識する

自分の価値観を知るために、あなたの心の奥にある本当の欲求を探る〈価値観チェック〉をしてみましょう。

これは、たくさんのキーワードの中から「自分にとってもっとも大切なもの」を３つに絞り込むことで、自分の価値観を探るチェックテストです。

じつは、多くの人にとって、３つだけをずばりとピックアップするのは簡単なことではありません。セミナーでも同様の〈価値観チェック〉をやってもらうことがありますが、たいていの人は10ほど選んでそこから３つに絞っていきます。なかには、はじめに20以上選び、その中から絞っていく人もいます。

でも、悩んでいいんです。何を選んで、何を捨てるか。捨てるというのは難しいことなので、かなり考えると思います。この「考える」ということがすごく重要なので、おおいに悩んでみてください。

次のページに〈価値観チェックテスト〉を用意しました。さっそくやってみてください。

価値観チェック

以下のキーワードの中から、あなたにとってもっとも大切だと感じるものを３つ選び、優先順位をつけてください。

［３つに絞るには］

① ざっと見て､自分が大切だと感じた言葉をマーキングしていきます。深く考えないで感覚で選んでください。
② 10以上選んだ人は、その中から10程度に絞ります。
③ 選んだ10程度のキーワードの中から、５つ選んでください。
④ 残った５つのキーワードのうち２つを捨て、３つに絞ります。
⑤ 最後に、その３つのキーワードに優先順位をつけます。

社会性　道徳　良心　大義名分　忠実　誠実　配慮
協力　共感　成長　保護　美　情熱　感動

勝利　競争　チャレンジ　自信　決断　行動　リーダーシップ
ナンバーワン　集中　思考　結果　自立　達成　成功

事実　分析　比較検討　真理　利益　合理的　論理的
理性的　現実的　組織的　規律　お金　専門性　正確さ

楽しさ　明るさ　社交性　ユーモア　柔軟性　自由　平和
外見　人脈　奉仕　地位　仲間　独創性　責任

プライド　個性　勤勉　バランス　平常心　忍耐　安心
健康　安定　知識　義理　倹約　愛　公平

１番大切	２番目に大切	３番目に大切
［　　］	［　　］	［　　］

どんな言葉が残りましたか？

考えに考えて、「よく考えてみると自分はこうだから」と自分を納得させたりしながら、1つ捨ててはまた考えて1つ捨てて、という作業を繰り返したのではないでしょうか？


これは人生の中での選択と同じといえます。

人生にはたくさんの選択肢があって、それを選んだり捨てたりしながら生きています。ところが、ときに選びきれなくて、たくさんの選択肢を抱えてしまうことがあります。でも、何かを達成するためには、捨てる勇気が必要です。「あれもこれも」と悩んでばかりいては前に進めないからです。


例えば、「ほしいものがたくさんあるけれど予算が限られている」というとき、買うべき理由をいろいろ考えて、買うものを厳選していきますよね？

いつまでも「あれもほしいし、これもほしいし」と悩んでばかりいては買い物が終わりません。「今、いちばん必要なのはこれだから」と自分を納得させながら選んで、買っていると思います。

このキーワードを選ぶ作業もそれと同じで、考えて、自分を納得させながら3つに絞っていくという過程が大切です。そうやって選んだキーワードに、「自分の本当の欲求」「今、自分が大切だと考えていること」が反映されていくからです。

〈価値観チェック〉であげたキーワードは、誰もがみんな多かれ少なかれもっているものです。その中からあなた自身が選んだ3つのキーワードは、今のあなたの価値観を表しています。要するに、あなたの考えや行動の基準になっているもの、あなたの芯になっているものということです。

この価値観を、今、実感できますか？

今のあなたは、この価値観に合っているでしょうか？

何かモヤモヤを感じているという人は、この価値観と現状が合致していないことが原因になっている可能性があります。

例えば、「平和」「安定」「愛」といったキーワードを選んだ人が、成績を競い合うような仕事をしていたらストレスがたまってモヤモヤしてしまうでしょう。

逆に、「勝利」「チャレンジ」「利益」といったキーワードを選んだ人が、のんびりした職場にいたら、フラストレーションがたまってしまってモヤモヤしてしまうかもしれません。

あなたはどうでしょうか？

価値観と現状が「ばっちり合っている」という人は少ないと思いますが、少なくとも「自分で納得できる現状」といえるでしょうか？

大切なのは、「自分で納得できている」ということです。

自分で納得できていないと、「これってどうなの？」「こんなはずじゃなかった」という思いがあなたの歩みにストップをかけ、前に進めなくなってしまいます。

モヤモヤしたら、「自分ではこういうふうにしたいとは思っていなかったけれど、どうなんだろう？」と考えてみてください。

「理想とは違うけれど、現状でいい」と納得できれば、あなたのモヤモヤは少しは晴れるはずです。

「いや、もっと自分の理想を目指したい」と思うのであれば、その欲求を満たすための道を考えてみましょう。


この〈価値観チェック〉は何回やっても構いません。

モヤモヤを感じたらまたやってみてください。そのときそのときで選ぶキーワードが変わるはずです。そのキーワードからモヤモヤを晴らすヒントが得られるでしょう。

22/38

私を輝かせる賢い考え方

価値観は十人十色で違うもの。お互いに違いを知れば理解は深まる

〈価値観チェック〉が興味深いのは、人によって選ぶキーワードがまったく違ってくるというところです。

選んだキーワードを見れば、自分の価値観だけでなく、他の人の価値観も知ることができます。

仕事を一緒にやっていくメンバーなどで「どうも意見が合わないな」と感じる相手がいたら、この〈価値観チェック〉をそれぞれやって、お互いに見せ合ってみてください。

きっと、まったく違うキーワードを選んでいることでしょう。

ここで大切なのは、お互いが同じキーワードを選ぶことではありません。選んだキーワードが同じである必要はまったくないんです。

人はみんなひとりひとり違うのですから、価値観も違っていて当然です。

大切なのは、「お互いに、相手がどんな価値観をもっているかを知る」ということです。

例えば、仕事の相手の場合、あなたが「協力」「感動」「奉仕」を選び、相手が「競争」

「チャレンジ」「お金」を選んだとします。

選んだキーワードから推定すると、あなたは「チームみんなで協力して、利益よりも感動するような結果が得られるようなやり方」を優先するタイプといえます。

対して相手は「ライバルに挑み、大きな収益が得られる可能性のあるやり方」を優先するタイプといえます。

あなたと相手は求めるものが違うのですから、仕事のやり方などについても意見が違っていて当然といえます。

でも、〈価値観チェック〉で価値観を知ることができれば、お互いの考え方を少しは理解できるはずです。

意見が合わない相手でも、相手の考え方を理解することができれば、「自分は利益があまりあがらなかったとしても人に役立つ仕事をしたいと思っている。でも、この人は、新しい事業にどんどんチャレンジして利益をあげていきたいんだな」と分析することができるはずです。

そして、そうやって冷静に分析することができれば、お互いの妥協点を探ろうという気持ちもわいてくるでしょう。

相手のことがわからなければ、意見が合わないときに「なんで私の言っていることがわからないの!?」とイライラしてしまいがちです。そんなとき、相手の選んだキーワードを見て「そうか、この人はチャレンジしたいし、収益も望んでいるんだな」とわかれば、イライラも和らぐのではないでしょうか。

さらに、相手に対して「これくらいしか収益は上がらないかもしれませんが、違うメリットがありますよ」とポイントを絞って提案することもできるでしょう。

相手も同じように、あなたの価値観を知ることで、意見をすり合わせるヒントを得ることができるはずです。

仕事などで、何人かで組んでチームで作業をするときも同じです。

チームみんながお互いの価値観を知ることができると、全員で目指すべき方向性が固まったり、メンバーそれぞれのチーム内での役割が決まったりします。

とくに、お互いをあまり知らないメンバーが集まったプロジェクトチームなどの場合、メンバーそれぞれが「大きな成果を残したい」「お金を儲けたい」「有名になりたい」など、違う思惑をもっていることも多いでしょう。そんなときも、お互いの価値観を知ることができればチームワークを高める助けになります。


みんな誰でも、自分とは違う考えの人と一緒に仕事をするのは大変です。

成果を残したい人が収益優先の仕事をしろと言われたらモチベーションが下がってしまうでしょう。また、お金儲けを望んでいた人がお金にならないような仕事をしろと言われたり、有名になりたいのに名前の出ない仕事にまわされたりしたら、やる気がなくなってしまうでしょう。

「価値観はみんなそれぞれ違う」ということをメンバーみんなが心にとめておけば、チーム全体のモヤモヤが減るはずです。

自分の価値観がわかったら それをもとに優先順位を考える

23/38

私を輝かせる賢い考え方

前項の〈価値観チェック〉で自分の求めているものがわかったと思います。でも現実には「自分はその価値観にそって仕事をしたいけれど、命じられた仕事は断れない」ということもあると思います。

実際のところ、自分の思い通りにいくことなんて少ないものです。思い通りにいかないことのほうが多いでしょう。

自分の意に沿わない仕事をやらなければならないとき、誰でも不満を感じてしまうものです。でも、不平や不満を口にしたとしても自分のプラスにはなりません。

そういうときは、自分の考え方を変えてみましょう。

「私はすごく頼りにされているんだろうな」とか「きっと私には頼みやすいんだろうな」と、いい意味で考えて、受け入れてみてください。

物事というのは、事実は1つなのですが、自分の考え方しだいで受け取り方ががらりと変わってきます。

前向きな気持ちで受け止めれば、不思議なことにモチベーションがぐっと上がってくるものなんです。

結局やらなければいけないことなら、いちいちモヤモヤしたり、イライラしたりするのはムダだと思いませんか？

どうせやるなら、じたばたしたりしないで、前向きな気持ちで引き受けましょう。

ただ、忘れてはいけないのは、やるべきことの優先順位を考えなければいけないということです。

命じられたからといって、何も考えずにすべてを引き受けていてはダメ、ということです。

他にも仕事がたくさんあるのに新しい仕事を命じられたら、「今、やることが山積みで手がまわりません」ということは言わなければいけません。

上司や先輩は、部下や後輩をよく見ているようで、じつはあまり見ていないことがあります。ひとりひとりの部下や後輩がどんな仕事をしているかなんて細かいところまで見ていません。だから、言わないとわからないことがあるのです。

ですから、「こんなにいっぱいできません！」「なんで私がやらなければいけないんですか!?」なんて感情的に拒んではダメです。

イライラすることはありません。

今は手いっぱいだということを具体的に伝えて、「こっちのほうが急ぎですか？」「急ぎというのは、期日はいつですか？」と聞けばいいのです。あるいは、「今、これをやっているので、これが終わったあとでもよければやります」と交渉することもできますよね？

すべてを「イエス」と引き受けるのはダメですし、かといって、すべてを「こんなにいっぱいできない」と拒絶するのもダメということです。

「全部やる」か「全部やらないか」の二択にしないように気をつけましょう。重要なのは、

「どういうやり方だったらできるか」を考えて、上司や先輩と相談して進めていくということです。

ときどき「私しかいない」と仕事をひとりで抱え込み、それで仕事をした気になっている人がいますが、それは自己満足でしかありません。

ひとりで抱え込んだ結果、仕事をやり遂げることができなかったらチームが困ります。抱え込んだ本人の信用も失うことになります。

私も、もちろん、体調不良や子どものことで会社を休んだことがあります。そのときに実感したのは、「私が休んでも仕事はまわる」ということです。会社の仕事というのは、私でなくてもできるものなんです。

そこで私は、仕事を3つに分けて考えることにしました。

その3つとは、「私でなければいけない仕事」「私でなくてもいい仕事」「私がやってはいけない仕事」です。

「私がやってはいけない仕事」というのは、後輩や部下にやらせなければいけない仕事なので、「任せる」ということが大切です。

「私でなくていい仕事」も、基本的には後輩や部下にゆだねて、必要なときだけ私がフォローします。

「私でなければいけない仕事」は自分でやるのですが、よくよく考えると、それも絶対に私でなければできないかというとそうではない仕事です。

そんなふうに考えると、私でなければいけない仕事なんてありません。

私が会社で仕事をする中で学んだのは、「基本的な業務手順は先輩も後輩も同じ。でも、先輩にしかできないこともある」ということです。

どんなに背伸びをしても、後輩は後輩でしかありません。先輩には経験というプラスアルファがあるので、仕事ができて当然なんです。

では、後輩はなにをすべきか？と考えたとき、私は「先輩に気持ちよく仕事をしてもらうこと」だと思いました。それで、先輩より少し早く現場に行って準備をしたり、先輩のちょっとしたフォローをしたりといったことを心がけていました。

先輩が気持ちよく仕事ができれば、後輩も気持ちよく仕事ができます。つまりそれがチームとしての成果を上げていくというわけです。

もしかしたら先輩がソリの合わない人で協力したくないという場合もあるかもしれませんが、そういうときは、心の中でこっそり「私がちょっと気をきかせてやっておいてあげましたよ」と上から目線になって、パパッとやってしまうのがおすすめです。

仕事の内容にもさまざまなものがあります。たとえ自分がいちばん後輩で、仕事を命じられる立場であっても、言われた仕事をただ受けるだけでは自分の成長につながりません。会社の一員、チームの一員という自覚をもって、優先順位を考えて仕事を進めていきましょう。そういう心構えがあれば、ひとつひとつの仕事があなたの経験になるはずです。そして、それがあなたの信頼につながっていきます。

優先事項は宣言しておくことが大事。理解と協力を得られるように努力する

24

38

私を輝かせる賢い考え方

仕事だけでなくプライベートも優先順位を考えることが大切です。とくに家庭や子どもをもっていたりすると「自分でなければいけないこと」が多いので、プライベートこそ優先順位をよく考えるべき、といえるでしょう。

結婚している人は「仕事と家庭の両立が大変」という人も多いのですが、それは両方を完璧にやろうとするからではないでしょうか？

私の経験から言うと、両方完璧にするのはムリです。両方を完璧にしようとすればするほど自分が大変になってしまいます。

だからといって、どちらかを諦める必要はありません。

どちらかに自分の軸を置けばいいんです。「私の軸は仕事」「私の軸は家庭」と割り切ることが大切です。

これは、どちらかを諦めるということではありません。

もちろん、「働いている間はずっと仕事が主軸」という考え方もできます。また、「今年は仕事、来年は家庭」というように、状況に応じて切り替えていくこともできます。

私は、会社を辞めて独立したころは仕事を優先していましたが、子どもの受験の年は子どもの予定を中心に考え、仕事はセーブしました。

私は仕事が大好きですが、仕事は「私でなくてもどうにかなること」だと思っています。でも、プライベートなこと、子どものことは「私でなければいけないこと」だと思っているので、仕事とプライベートを比べたらプライベートが優先です。

私は、優先順位を考えるとき、書き出すようにしています。

子どもの受験やイベントなどプライベートな年間計画が出そろったころに、それをスケジュール帳にざっと書き入れ、何を優先するかを考えていきます。

プライベートを優先したい時期は、仕事の依頼があっても受けないようにしています。

そこで大切なのは、相手に「どういう理由で仕事を受けられないか」をきちんと説明することです。説明しないで「できません」と断ったら、周りの人は困惑するでしょう。次の依頼がもらえなくなる可能性も高くなります。

これは会社勤めの人も同じです。

「この時期は、どうしてもこういう理由でプライベートを優先したいのです」と公言して、理解を得られるように努力しましょう。

ただし、「プライベートを優先したい」という自分の欲求を主張するだけではダメです。理解を得るには、それに値するだけの仕事をきちんとやる必要があるということを忘れないでください。

仕事をきちんとやって、チームから必要とされる人になる必要があります。必要とされる人であれば、辞められたら困りますから、「プライベートを優先したい」という希望も受け入れてもらえるでしょう。

よく主婦が「働きたいけれど、会社が仕事と家庭の両立を理解してくれるか心配」と言っているのを聞きますが、「理解してくれるだろうか」と心の中で心配していないで、「理解させるにはどうしたらいいか」を考えて行動しましょう。

残念ながら日本はまだまだ男性社会なので、「女性の現状はこうなんですよ」と女性から伝えないとわかってもらえません。男性たちは、女性を理解するための情報をもっていないのです。

ですから、「女性が十人いたら十人それぞれに状況が違います。それをきちんと理解してくださいね」「女性の話を聞く耳をもってくださいね」と、女性の側から働きかけないといけないのです。

これからの日本の社会は、働く人口が減っていくため、働き手として女性が期待されています。ですから、男性も女性を軽視するわけにはいかない時代へと移っています。「相手に理解してもらう」のを待っていないで、「自分が理解させる」ように積極的な気持ちでのぞんでいきましょう。

25

38

私を輝かせる賢い考え方

自分の時間は自分でつくるもの。時計をうまく活用して時間を管理する

「プライベートを優先したいのに仕事が忙しすぎて時間がない」という人も多いと思います。

仕事の量が多すぎるという場合もあると思いますが、本当は就業時間内に片づくのにだらだら仕事をしていて時間が過ぎてしまうという人もいるのではないでしょうか？

もしかしたら、残業代をもらうためにあえて残業しているという人もいるかもしれません。でも、そんな考えで残業をしていたら、自分の時間がなくなってしまいます。そうするとプライベートでの楽しみがないので、結局、残業をして時間を過ごしてしまうという悪循環に陥ってしまうので注意が必要です。

時間は自分でつくるものです。毎日定時で帰るというのは難しいかもしれませんが、仕事のやり方や時間の使い方の考え方を変えれば、自分の時間をつくることができます。

自分の時間をつくるのがヘタな人は、時間の考え方を変えてみましょう。時間を管理するというのは、自分の考え方と行動を管理するということなんです。

最近は腕時計をしない人が多いようですが、私は、作業を始めるときと終わったときにパッと腕時計を見て、かかった時間を確認します。どんな作業にどれくらいの時間がかかるのかを知っておくためです。

普段10分でメールを1通書けるのに、30分かかったとしたら「ああ、時間をかけすぎたな」と反省して、次は10分で収めるように気をつけます。

他の作業も同様に、どれくらい時間がかかっているのかを、おおざっぱでいいのでつかんでおくようにします。だいたいの所要時間がわかれば、スケジュールを組みやすくなるからです。「よし、この書類は30分でできるはずだから、少なくとも午後3時までには終わらせよう」というふうに目標を定めて進めることができるので、効率がぐんと上がります。

他にも、むやみに長電話しないようにしたり、会議が長時間にならないように気をつけたり、時間を管理するポイントはたくさんあります。

私が時計を見るのは客室乗務員のころについたクセだと思います。客室乗務員はすべて時間で動くので、作業の区切りごとに時計を見て「10分もかかってる。ちょっと遅れぎみだな」と認識したり、先の作業の予定を考えたりするんです。

それぞれ作業を終わらせなければいけない時刻が決まっているので、逆算して、作業を始める時間を考えていきます。自分がやるべき作業にどれくらい時間がかかるか、自分のチームメンバーたちは作業にどれくらい時間がかかるか、そういったすべてを考慮してスケジュールを組むわけです。突発的なことが起これば、時間内でどのサービスをおこなって、どのサービスをやめるかという判断も即座にしなければなりません。

そんなふうに時間を考えていたので、その感覚が今でも活かされています。「ただなんとなく」ではやらないというのがポイントです。

普段の生活で「ただなんとなく」やってしまいがちなのは、インターネットやテレビを見ていたら、あっという間に時間が経ってしまったというパターンではないでしょうか？

人は、何かを始める時間はすごく意識するのですが、終わりの時間はあまり意識しないことが多いので、そのせいでだらだらしてしまうんです。

だらだらしないためには、「これを見たらおしまいにしよう」とか、「この時間になったら次のことをしよう」と決めて、きちんと切り上げることが大切です。

仕事だったら「この仕事、5時までに終わらせます！」と周りに宣言してしまうのも効果的です。

時間は限られているものですが、使い方しだいで何倍にも有意義に使えます。

「ああ、忙しい、時間がない」と思ったら、自分の時間にムダな部分はないか考えてみてください。

ムダをなくせば、自由な時間は必ずつくれます。

第4章

自分の周りの人間関係を見直してみる

人脈マップを書いて自分にかかわる人を整理してみる

26

38

私を輝かせる賢い考え方

あなたという人は、これまでに出会ってきたたくさんの人たちから影響を受けてできあがってきています。そのつながりについて考えてみましょう。

次のページの書き込みシートにあなたの人脈マップをつくってみてください。

真ん中に自分を設定してあります。その周りに、ドラマの相関図のように、自分とかかわりのある人たちを書き込んでいってください。

このとき、「家族」「高校の友だち」「上司」などではなく、個人の名前を書くようにします。そして、つながりの強い人は自分の近くに、つながりが弱いと思う人は遠くに書き、名前と名前を線でつないで関係性も書き入れてみましょう。

また、いい関係の人だけでなく、上司や同僚などちょっとソリが合わないけれどかかわりをもたなければいけない人も書き入れてみてください。

とくに書き方の決まりはないので、自分を取り巻く人脈がわかりさえすれば、好きなように書いて構いません。

[**人脈マップを書いてみましょう**]
ドラマの相関図のように、自分とかかわりのある人との関係を図にしてみましょう。

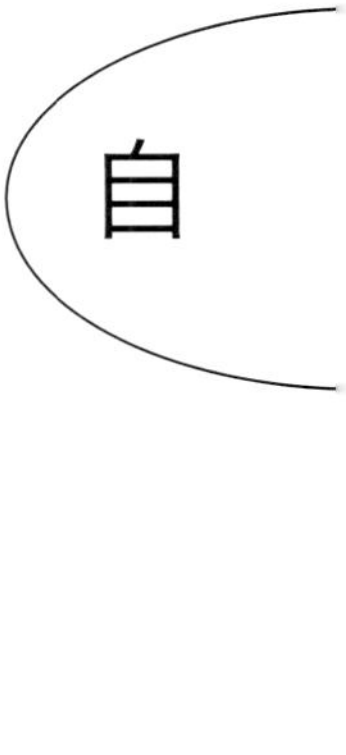
自

どの場所に誰を書くか、思ったより悩んだのではないでしょうか？

できあがった人脈マップを改めて見直してみてください。

「こうやって考えてみたら近くにいるのは家族しかいない」「昔からの友だちと疎遠になっているな」「最近、職場中心だから、会社の人ばかりが近くにいるな」など、いろいろなことがわかるのではないでしょうか。

また、「自分は意外な人を頼りにしているな」とか、「家族を近くに書いたわりには、自分は家族を大切にしていないな」とか、あまり気づいていなかったことが見えてくることもあると思います。

「思ったよりも書き込みたい人がいない」と感じた人もいるかもしれません。

「携帯のアドレス帳に何百人もの友だちの電話番号が入っている」とか、「SNSで数百人とつながっている」という人もいるかもしれませんが、人脈マップに書き込める相手はどれくらいいたでしょうか？

でも、人数が少ないからといって悲観することはありません。

私は、自分の周りには最小限の人がいてくれればいいと思っています。何か困ったことがあったときに気軽に相談できる人、気軽に話を聞いたり聞いてもらったりできる人がいればいいと思っているんです。

大切なのは、その身近にいる人を大事にすることです。

例えば、身近なAさんに誠実に接していれば、私が何か相談したとき、Aさんは自分の知り合いの中から力を貸してくれそうな人を見つけて、私とその人をつなげてくれます。人の後ろには、たくさんの人がいます。直接つながることも大事ですが、人につなげてもらうことも大切です。そういう意味でも、身近な人との関係が大切というわけです。

人の価値は地位や財産ではない。厳しく注意してくれる人を大切にする

27/38

私を輝かせる賢い考え方

あなたが書いた〈人脈マップ〉の中に、あなたに厳しいことを言ってくれる人はいますか？

私は、自分に厳しいことを言ってくれる人こそ、自分にとって大切な人だと考えています。

もし、あなたに厳しいことを言ってくれる人がいたら、その人はあなたにとって大切にすべき人です。

ただし、ここでいう「厳しいことを言う人」というのは、一方的に責めたり、意見を押しつけたりする人のことではありません。あなたの失敗や悩んでいることに対して、遠慮のない、率直な言葉であなたに気づきを与えてくれる人のことです。

そもそも人に厳しいことを言うのは簡単なことではありません。

たとえその言葉の内容が正しくても、言われた人は、不愉快に思ったり、言った人のことを嫌いになったりしがちです。

逆に、あなたも誰かに忠告したいことがあったとしても、「相手に嫌われるんじゃないか」とか「相手を怒らせてしまうかも」と思ったりして、なかなか口に出せないのではないでしょうか？

ですから、自分が悪者になるのかもしれないのにあえて忠告してくれるのはありがたいことなんです。

もしあなたが周りの人から厳しいけれどもっともな言葉をもらったら、反発する前に、自分を振り返ってみてください。きっと何か気づきがあるはずです。

他に、私が大事にしたいと思っている人は、私自身にはない視点をもっている人です。人はみんな、自分の考え方に凝り固まってしまうところがあると思います。でも、10人いれば10通りの考え方があります。何か問題が起こったときも、その解決方法は人によって違っていたりします。

例えば会議のとき、同じ考え方の人が集まっていれば意見はすぐにまとまるかもしれませんが、新しいアイディアが生まれる可能性は低くなりがちです。

そこに違う考え方の人がいれば、議論するのに時間がかかったり、モメたりするかもしれませんが、「ああ、そういう方法もあるんだ」という新しい発見をもたらしてくれる可能性は高くなります。

相談をするときも、同じ考え方の相手からはきっと想定内のアドバイスが得られるでしょう。でも、考え方の違う相手からは、自分では気づかなかった指摘をしてもらえたり、アドバイスをもらえたりするかもしれません。

また、私は客室乗務員や役員秘書をしていたので、その経験から言うと、大切にすべき人の判断基準のひとつとして、「礼儀正しいかどうか」も重要なポイントだと思っています。

客室乗務員として勤務していたときは「こっちは客なんだから」「お金を払ってるんだから」といった、上から目線のお客さまもいました。秘書をしているときは、役員を訪ねてくるお客さまはそれなりの地位の人ばかりだったのですが、パワハラのような態度をとる人も少なくありませんでした。

そんな中でも、「客だから」とか「地位が上だから」「女だから、男だから」なんていうことを言わずに、礼儀正しく、ひとりの人としてきちんと対応してくれる人もいるのです。相手を値踏みするようなことをせずに、つねに誠実な態度を取ることができる人は、信頼できる人である可能性が高いと私は思っています。

みなさんも、「社会的地位が高いから」「お金をもっているから」といったことで判断せずに、冷静に、本当に自分にとって大切な人は誰かということを見つめ直してみてください。

28

38

私を輝かせる
賢い考え方

どうしてもソリが合わない相手とは私情をはさまずに付き合う

あなたの周りにいるのがいい関係の人ばかりならいいのですが、この世の中はそんなに簡単ではないですよね。中には「どうしてもソリが合わない」「なぜか反発したくなってしまう」という相手もいるのではないでしょうか？

「言い方が嫌い」とか、「あの行動が嫌い」といった、ちょっとしたことが気になってしまったりしますよね？

プライベートだったら、ムリに仲良くする必要はないでしょう。でも、仕事でかかわる人だったら、そうはいきません。

では、そういう相手とどう付き合うか？

考えてみてください、どうしてその相手とかかわるのでしょうか？

それは「仕事を円滑に進めるため」ですよね。だから、必要以上に仲良くなる必要はなくて、ましてや友だちになる必要もないんです。ともに仕事をするチームメンバーだということを認識することが大切です。チームメンバーなのですから、足りていないところをお互いに補い合えばいいだけなんです。

そもそも仕事は「好き嫌い」でしてはダメなんです。「こういう人なんだ」と相手を寛大な気持ちで受け入れて、私情をはさまないことが大切です。

そしてそのうえで、その相手とうまくやっていく方法を見つけていきます。

まずは、相手のキャラをつかむことが大切です。

冗談の通じない相手だったら、うっかり軽口をたたいたりしないように、抑えめにしておくのが得策といえます。

また、怒られたりしたときは、そのときどんなにきつく責められたとしても、翌日は自分から明るくあいさつをするようにするのも効果的です。

相手はもしかしたら「ちょっと言いすぎたな」と気にしているかもしれません。たとえそう思っていても、きっと相手は気まずくて「きのうは言いすぎて申し訳なかった」とは言ってくれないでしょう。自分も「あんな言われ方をして腹が立つ」なんて思って、よそよそしい態度をとっていたら、いつまでもお互いに平行線のままになってしまうでしょう。だから、自分から「おはようございます。きのうはありがとうございました」と言ってしまいましょう。

自分から声をかけるのはなかなか難しいかもしれませんが、「あの人はきっと、私のことを思って言ってくれたんだ」と考え方を切り替えて、思い切ってあいさつしましょう。あいさつは本当に一瞬です。そんな小さなことで関係を改善することができます。「一瞬だけ」、そう考えれば勇気が出るのではないでしょうか？

相手は驚くかもしれません。でも、いさぎよく声をかけることで、あなたの心はすっきりするはずです。心の中では「今に見返してやる」と思っていたとしても、自分から相手に歩み寄る努力をしましょう。

相手も、明るくあいさつしてもらったらイヤな気がするわけがありません。そういう小さな積み重ねを続ければ、関係もよくなっていくはずです。

29/38 嫌いな上司でも部下は拒めない。どこがイヤなのか冷静に分析する

私を輝かせる賢い考え方

「上司が気に入らない」という人も多いのではないかと思います。

でも、残念ながら、部下は上司を選ぶことはできません。

どんなにソリが合わないと感じる上司だとしても、まずはうまくやっていく方法を探すことが得策です。「気に入らない」とか「嫌い」とか言っている場合ではないと心得ましょう。

そもそも人というのは、他人の気に入らない部分ばかりをフォーカスして見てしまうところがあります。

ちょっと自分と合わない部分があると「ぜんぶ嫌い」と決めつけてしまいがちですが、上司のことをしっかり分析して見てみましょう。

あなたの目からは頼りない上司に見えるかもしれませんが、上司は会社の中でがんばってきたからこそ、その地位についています。それだけの力があるということです。ですから、気に入らないところばかりを見て判断するというのは、とても危険なことなんです。

もっと視野を広げて、上司のいいところを探してみてください。

それなりにいいところがあるはずです。「あれ？　意外とすごいな」と思える部分も見つかるかもしれません。

一方で、最近、私が気になるのは、周りの人が「あの上司が嫌い」と言っているのを聞いて、それに流されて「私も嫌い」と言ってしまう人が少なくないということです。

テレビのワイドショーなどで司会者やコメンテーターが言っていることを鵜呑みにして同調してしまう人も多いですが、それと似ているように思います。

スキャンダルが報じられたりしたとき、テレビやネットでいろいろな人たちが当事者のことを非難するのを聞いて、「そうなんだ」とそのまま信じ込んでしまったり、よく知らないのに「そうだ、そうだ、その人が悪い」と、なんとなく非難する側にまわったりしてしまいがちです。

でも、その批判的な意見はＭＣやコメンテーターの考えですよね？

本当に自分も批判的な意見なのでしょうか？　そのニュースや当事者のことについてどれだけ知っているのでしょうか？

大切なのは、事実をきちんと知って、自分で考えて、自分なりの意見をもつことです。

周りに流されて「嫌い」と言うのも同じです。

「嫌い」というのは周りの人の意見です。「自分も本当に嫌いなのだろうか？」「どこがイヤなのだろうか？」と考えてみてください。

意外と周りに流されているだけだったりしませんか？

人は、目で見えることや、耳に聞こえてきたことで判断していきます。それはそれで大切なのですが、忘れてはいけないのは、目に見えていないところ、耳に聞こえてこないところに、自分が気づいていないすばらしいものがあるかもしれないということです。

情報はとても重要なのですが、気を抜くと、情報に翻弄されてしまって、催眠術にかかったかのように操られてしまって、何が正しくて何が間違っているのかという判断がしづらくなってしまう恐れがあります。さらに、そのせいで自分の足元をすくわれる可能性もあります。

ですから、表に出てきている情報だけでなく、その裏に隠されているものや本質を自分でしっかり見抜くということを意識していくことが大切なんです。

「嫌い」と思う人がいるのなら、どうして嫌いなのかを冷静に考えてみてください。会社で居心地が悪いのなら、「どうしてそういう状況になってしまったのか？」を考えてみてください。

多くの場合、原因は相手だけでなく、自分にもあります。「どちらかが悪い」ということではなく、ちょっと歯車がずれているだけ、という場合もあります。

いずれにせよ、冷静に状況を見つめ直して考えてみると、状況を改善する糸口をつかめるでしょう。

部下に対する不満は言わない。言えば自分の評価を下げるだけ

30/38

私を輝かせる賢い考え方

私が客室乗務員として勤務していたころ、自分たちがだんだん部下や後輩の上に立つ立場になるにつれて、同期の人たちが「まったくあの後輩は使えない」「うちのチームメンバーは使えない子ばっかり」なんて言うようになっていきました。

それを聞いて私は、同期に「それは言わないほうがいいと思う。自分の価値を下げるだけだよ」と忠告しました。

なぜ「自分の価値を下げる」のかというと、そんな使えない部下や後輩を育てたのは自分たちだからです。

まるで部下や後輩が悪いかのように言っていますが、それは責任を部下や後輩になすりつけているだけです。結局、「ダメな部下ばかり」と言うことによって、きちんと育てられなかった自分の能力のなさをみんなに広めているだけ、ということなんです。

企業の研修でも、管理職の男性たちから「部下に命じても、きちんとやれないし」「部下は信用できないし」なんていう言葉を聞くことがあります。

そんなとき私は、「そんな部下をつくったのは誰ですか？」と聞きます。それまで彼らが部下をきちんと育ててこなかったから、そういう結果を招いたのに、それにまったく気づいていないんです。

部下を育てられなかった理由として、「忙しかった」「時間がなかった」という話を聞くことが多いのですが、「俺たちだって育ててもらっていない」なんて主張する人もいます。

でも本当にそうでしょうか？

何もわからない新人のときに、いろいろ教えてくれた上司や先輩がいたはずです。ピンチに陥ったときに支えてくれた人がいるはずです。要所要所で心に残るアドバイスをくれた人がいるはずです。そういった積み重ねがあって、上司は今の地位につくことができたはずなんです。

「育てる」というのは、手取り足取りで「よしよし、大丈夫か？」と教えてあげることだけではありません。

部下の潜在能力を見つけて、本人にそれを気づかせてあげることも「育てる」ことのひとつです。それは上司の仕事でもあるのです。

もし、「ダメな部下ばかり」とグチりたくなったら、「それは自分の力が不足していたせいではないか？」と考えてみてください。

人間には感情があるので、つい「好きか嫌いか」を優先してしまいがちなのですが、会社はプライベートな場所ではなく、仕事をする場です。好き嫌いという感情はちょっと抑えましょう。そして、部下の能力を引き出しつつ、そこに自分が経験してきたものを乗せてあげて、お互いに刺激し合って仕事にいい影響を反映させていきましょう。

そういう気持ちでのぞめば、人間関係も仕事も、きっといい方向へと向かっていくはずです。

相手の性格は変えられない。でも、自分しだいで反応は変えられる

31

/38

私を輝かせる賢い考え方

もし、あなたが「気に入らない」と思う人がいたとしても、あなたがその人を変えることはできません。

相手が自分の思惑とは違う動きをすると、「なんでこの人はこんな言動をするんだろう？」とか、「もっと違う行動ができるでしょ！」なんて思ってしまい、イライラしてしまうこともあります。それでも、相手にリモコンがついているはずもなく、他人をコントロールすることはできません。

あなたも他人からコントロールされたくないですよね？　相手もあなたと同じなんです。

でも、相手の反応を変えることはできます。

相手に気持ちのいい反応をしてもらうためにはどうするか？　じつは重要なカギを握っているのはあなた自身なんです。

私は、客室乗務員として勤務しているときに気づきました。

後輩たちがなんだか元気がないなと感じるときは、私の元気がないときだったのです。私が朝から考え事をしていて難しい顔をしていたりすると、部下たちは私に気を使い始めて、どこか沈んだムードになってしまうのです。

もし、周りの人があなたにきちんとあいさつしてくれないとしたら、あなたが周りの人にきちんとあいさつができていないのかもしれません。目も合わせないで、暗い声で「おはようございます…」なんて言っていませんか？

私は、相手は自分の鏡だと思っています。どういうことかというと、相手が私に対してよそよそしかったら、私がその人によそよそしくしてしまっているということです。じつは自分の相手に対する気持ちというのは、意外と相手に伝わってしまっているものなんです。

私もかつて、口もききたくない上司がいて、「どうしてこの人はこういうものの見方しかできないんだろう」とか、「どうしてこの人は人のせいにばかりするんだろう」と思ってイライラしていました。でも、上司を変えるのはムリです。

そこで、試行錯誤した結果、「上司の足りないところを私が補おう！」と考えることにしました。わかりづらい指示をされたとき、私もよくわからないまま、もごもご返事をしていたのではダメなんだと気づいたのです。「今のお話、私はこういうふうに理解しましたが、間違いありませんか？」「今の説明はこういう意味で合っていますか？」と確認することにしたのです。

この確認は、私たちがやる作業についての確認であり、一方で、「あなたは今、これで合っていると認めたのだから、あなたが最終責任者ですからね」と念を押す意味での確認でもありました。

そういうやり方をしていくうちに、上司の反応も多少、変わっていきました。確認をすることで、何かあったときも部下のせいにされることがなくなり、私たちのイライラも減っていったのです。

そもそも、完璧な人なんていません。人はそれぞれいいところも悪いところもあって、そういう人たちが出会って仕事をしているわけです。

ですから、お互いに「ここが足りないな」と思う部分があれば、それを補っていけばいいのです。相手が上司や先輩でも、部下が補ってあげられることがなにかしらあるはずです。

会社で、なんとなくぎくしゃくしている相手との関係をよくしたいと思ったら、あなたが自分から相手に歩み寄ってみてください。

ちょっぴり上から目線で「この人のために何か補ってあげられることはないかな」と考えてみてください。

そういうふうに考えると、あなたの周りの人間関係はよくなっていくはずです。あなたのイライラやモヤモヤも軽減するでしょう。視点を変えるのはなかなか難しいことですが、ぜひやってみてください。

コミュニケーションをうまくとるにはまずは相手に興味や関心をもつ

32/38

私を輝かせる賢い考え方

そもそも「コミュニケーション」とは何だと思いますか？

コミュニケーションについての解釈はいろいろあると思いますが、私が務めていた航空会社では「コミュニケーションというのは、言葉と行動を使って、自分が思っていることや感情、意見を相手に伝えて、影響を与えたり、反応したりすること」とされていて、みんながその認識を共有していました。


一般的には、「話をしたり、聞いたりしてお互いを理解すること」と考えられていると思います。

「伝えること」も「聞くこと」もどちらもとても重要なことですが、私は「伝える能力」よりも「聞く能力」のほうが、より基本的で重要なコミュニケーションスキルだと思っています。

それは、「話を聞いて、相手の立場に立って物事を考える」ということがもっとも重要だと思うからです。

この「聞く能力」というのは、ただ話に耳を傾けるだけでなく、「肯定的に相手のことを受け入れる力」ということです。

セミナー講師としてコミュニケーションの研修をするとき、「聞く」ということがよく出てきます。

じつは、「聞く」は重要なことなのに、私たちはコミュニケーションツールとして学校で学ぶ機会がないまま育ってきています。

自分を振り返ってみてください。「読む」「書く」「話す」は教わってきましたが、「聞く」は習ったことがないと思いませんか？

「聞く」というのは、相手の話を理解して、何か反応するということです。話を聞いて心情を理解したり、相手の立場になって考えたりしたうえで、うなずいたり、「これってこういうことですか？」と質問したりする、そこまでが本当の「聞く」です。さらに、「相手は私に何を伝えたいんだろう」とか、「本当は何を言いたいんだろう」というふうに考えて、本人の心のモヤモヤに気づいてあげることも「聞く」といえます。

でも、多くの人は、学校で先生の話をだまって「聞いている」だけだったのではないでしょうか？

話を聞いたら、話し手に対して「私はあなたの話を聞いていますよ」というのを態度で示すことも必要です。うなずいたり、メモをとったり、質問したりして、「聞いていますよ」ということをアピールするのも忘れないでください。

一方で、最近は、相手の話を途中まで聞いたところで全部わかったような気持ちになって、自分の話を始めてしまう人が多いのが気になります。

あなたは、相手の話がまだ半分くらいしか聞いていないのに、「ああ、それは自分も経験があって、こういうふうにしたらいいよ」なんてアドバイスを始めてしまったりしていませんか？　じつは本当の話のテーマはもっと違うものだったりすることもよくあります。

また、相手の話の途中で、「そんなことくらいで悩んでいるの？」とか、「そんなの当たり前でしょ？」とか、口をはさんでしまうのも問題です。
「それくらい」というのは自分の価値観です。相手の感情を自分の価値観ではかってはダメなのです。

相手の心情を理解するには、まずは話を聞いて受け入れることが大切です。そして、「そういうことがあったのね」「なるほどね」と、「聞いていますよ」と、きちんと反応しましょう。

コミュニケーションというのは、自分と相手、お互いのコンビネーションの問題なので、どちらかが悪いとは言い切れません。だからこそ、ひとりよがりになるとバランスが崩れてしまいます。

例えば、自分が言ったことに対して「相手はこういう答えを返してくるだろう」とか、「こういう反応があるだろう」とか、計算しながら話をすることもあると思いますが、その通りの反応が返ってくるとは限りません。

自分が想定した通りの反応が返ってくれば会話は弾むけれど、思っていたのと違う反応だったら話が続かなくなってしまうというのでは、コミュニケーションがとれているとはいえません。

答えは用意しておかなくていいんです。相手の話をすべて聞いて、受け止めてあげれば

いいんです。

それができないのは、きっとあなたが目的をもっていないからです。その人とコミュニケーションをとるのは、どういう目的のためなのでしょうか？

「この人と一緒にしっかり仕事をしたい」とか、「この人ともっとわかり合いたい」とか、「この人ともっと仲良くなりたい」とか、目的を考えてみましょう。

目的を自覚すると、相手への興味や関心がぐっとわいてくるはずです。そうすると、相手の話を聞きながらうなずいたり、質問をしたり、思わず反応してしまうでしょう。そして、もっともっと話を聞きたくなるはずです。

そうやってコミュニケーションは深まっていくのです。

第5章

「なりたい自分」になって自信をつける

33

38

私を輝かせる賢い考え方

「なりたい自分」はどんな自分？書き出して、しっかり自覚してみる

あなたはどんな自分になりたいですか？

どんなことでも、ぼんやりとしたイメージだけではなかなか達成できません。この機会に「なりたい自分」を明確にして、しっかり自分で認識してみましょう。

次のページに、「なりたい自分」「今の自分」「なりたい自分と今の自分の違い」を書くスペースを用意しました。ここに書き込んでみてください。

「なりたい自分」の部分は、「仕事で」「プライベートで」と分けて書き出してみるのもいいでしょう。「この人、ステキだな」と思う人がいるなら、その人のどんなところがステキだと思うのか、どんなところを見習いたいと思うのか書き出してみてください。ここにその人の写真などを貼ってみるのもいいでしょう。

「なりたい自分」も「今の自分との違い」も、具体的に書けば書くほど役立つので、できるだけ具体的に書き込むようにしてみてください。

［**なりたい自分**］
具体的に書き出してみましょう。
ステキだと思う人がいるなら、どんなところを見習いたいか書き出してみましょう。

[今の自分]
今の自分の性格やいいところ、経験、スキルなどを書き出してみましょう。

[なりたい自分と今の自分の違い]
どこが違うのか具体的に考えて、書き出してみましょう。

書いてみてどんなことを感じたでしょうか？

「意外に、なりたい自分と今の自分にあまり違いがない」と感じた人がいれば、「なりたい自分と今の自分がかけ離れている」と感じた人もいると思います。

もし、「かけ離れている」と感じたとしても落胆することはありません。大切なのは、「なりたい自分」との違いを知って、「なりたい自分」に向かって努力していくことだからです。

このときに気をつけてもらいたいのは、〈なりたい自分〉に憧れの人の名前をあげて、その人をそのままマネしようとするのはダメということです。

人はみんなひとりひとり違います。あなたがその人になることはできないのです。その人のマネをするのではなくて、その人のいいところをよく観察して、見習うようにするのがおすすめです。

34/38

私を輝かせる
賢い考え方

自分のことにきちんと興味をもつ。そうすると周りのことも見えてくる

〈なりたい自分〉に「スリムになりたい」とか、「きれいになりたい」といった見た目に関することを書いた人も多いのではないでしょうか？

街を歩いていると、ものすごい美人というわけではないのに魅力的な女性がたくさんいます。そういう人の多くは、ただなんとなく魅力的になっているわけではありません。自分のことをきちんと知って、自分を磨く努力をしています。

逆に、ものすごい美人でも、身だしなみが整っていなかったり、人の悪口ばかり言っていたりしたら、せっかくの美貌も台無しです。

もって生まれた素材のよしあしだけが魅力をつくるのではありません。自分で自分を磨いて、もっとステキになりましょう。

例えば、「スタイルをよくしたい」と思ったら、「いいな」と思う体型の人の写真を鏡のそばに貼っておくというのも効果的です。具体的な目標を目の前に置いておくことでモチベーションがアップするからです。

身だしなみやファッションに気を使うことも重要です。「人は見た目ではない」という人もいますが、私は「見た目も大切」と思うからです。

例えば、高級ブランドのスーツだけれどヨレヨレで、ヘアスタイルもボサボサの人と、高そうではないスーツだけれどパリッとしていて、きちんと整えられたヘアスタイルの人がいたら、どちらが「きちんとしている」という印象を受けると思いますか？

多くの人は、パリッとしたスーツを着ている人人のほうに「きちんとしていそう」という印象を抱くと思います。もしかしたら、ヨレヨレのスーツの人のほうが仕事は有能かもしれませんが、見た目で損をしてしまうということです。

女性でも、メイクもファッションもバッチリなのに、靴が汚れていたり、ネイルがハゲハゲだったりしたら、ちょっと残念な気持ちになってしまいます。

私が客室乗務員だったときは、細かいところまで、自分の頭の先から爪の先まで気を配ることが求められました。

それは、お客様から見られているからという理由もあります。でも、それだけでなく、「自分の細かいことに気を配れる人は、他人の細かいところにまで気を配ることができる」と考えられていたからです。

服装や髪型、言葉づかい、立ち居振る舞いなど、自分できちんとしようと心がけていると、周りの人がどれくらいできているのかというのが見えてくるようになります。「あの人の言葉づかいはステキだな」「あの人の服はいつもきれいに手入れされているな」と思えるのは、自分の意識がそこにあるからです。

自分に興味をもつようになれば、周りの人のことも見えてくるようになります。周りの人のいいところが見えるようになれば、それに刺激されて、さらに自分も努力していこうと思うことができ、いい循環が生まれます。

「なりたい」と思うだけではダメ。何でもいいので行動を起こしてみる

35
38
私を輝かせる賢い考え方

「なりたい」と思っていただけでは何も変わりません。

何でもいいので、何か行動を起こしてみましょう。

例えば、まず、あいさつをしてみるのがおすすめです。「この人、苦手だな」と思っている人にも笑顔であいさつしてみましょう。

「すでに苦手な人にもあいさつしている」と思う人もいるかもしれませんが、他の人とまったく同じようにあいさつできているでしょうか？

人は「苦手だな」という気持ちがあると、笑顔がちょっと曇ってしまったり、声が沈んでしまったりするものです。

苦手な人にこそ、明るく、笑顔で接するように心がけてみてください。あなたの明るさが相手に伝われば、相手の態度も変わるはずです。そうすると、あなたが相手に感じている苦手意識も変わっていくでしょう。

人間関係が変われば、周りの流れも変わっていきます。きっと、あなたにとっていい環境に変わっていくはずです。

他にもいろいろな方法があります。

「この人の、こういう言葉をマネしてみよう」と心がけてみるのもおすすめです。

インタビュー記事などで「ステキだな」と思った言葉や、どこか心に引っかかる内容があったら注目してみてください。

そして、「どうしてこの人はこの言葉を選んだんだろう？」「どうしてこの人はこういうことを言っているんだろう？」と考えてみましょう。

文章というのはいろいろな読み方があって、サッと読んでしまうこともできます。でも、ちょっと立ち止まって、その人の背景を知ったり、引用されている言葉の意味を考えたりしながら読んでみてください。

「この人にはこういう経験があるから、こういう言葉が出てくるんだな」とか、「ここに引用されている言葉には、裏に違う意味があるんだな」といったことをふまえて読むと、ちょっと視点を変わってくるはずです。サッと読んでいたときとは違う世界が見えてくるはずです。

それがあなたの世界を広げて、視野を広げてくれるでしょう。

ただ、いい言葉を見つけたからといって、きちんとした意味を知らないまま引用しないように気をつけてください。

うわべだけの言葉は何の共感も呼ぶことができません。その言葉にどんな意味があるのか、どういうシチュエーションで使ったらいいのかということをよく考えてから、うまく活用するようにしてみてください。

36/38

私を輝かせる
賢い考え方

自分の夢は
公言してしまうことも効果的。
思わぬチャンスが舞い込むことも

「これをやりたい」「こうしたい」ということがあったら、それを口に出して、公言してしまうことも効果があります。

周りに言っているとそのチャンスがどこからか舞い込んでくるものなんです。

私は小学校から短大までずっとエレクトーンをやっていました。そのころはピアノをやっている子が多くて、学校の合唱大会などもピアノをやっている子が伴奏を担当していました。ピアノが主流という感じだったので、私は先生などにエレクトーンをやっていることを話したりはしていませんでした。

ところが、あるときたまたま中学の音楽の先生が私の家に来て、私がエレクトーンの練習をしているのを聴いて、気に入ってくれたんです。それで、先生が「ピアノとは違う雰囲気が出る」と卒業式で卒業証書授与のBGMとしてエレクトーン演奏を担当させてくれて、みんなの前で披露する機会をつくってくれました。

さらに、高校進学を考えるときに、その先生が「エレクトーンを活かせる進路を考えないの？」と言ってくれました。

それまで私は、音楽に魅力を感じてはいたのですが、音楽のプロとしてやっていきたいという強い思いがあるというほどではありませんでした。でも、先生が進路について聞いてくれたことが、「私はどうしたいんだろう？」と考えるきっかけになりました。

そのときは、音楽の道に進みたいとは思っていたのですが、あまり早いうちからひとつの道に絞り込む必要はないなと考えていたので、普通科の高校に進学しました。それでもエレクトーンは続けていて、短大のときは演奏のアルバイトなどもしていました。

でもじつは、私はエレクトーンを弾くには手が小さくて指が短いんです。なので、「プロのエレクトーン奏者としてやっていくには難しそうだな」とか、「故郷に帰ってエレクトーンの先生になるという道もあるかな」とか、「趣味として続けられればいいのかな」とか、いろいろ考えるようになりました。

私はエレクトーンが大好きで、でも、ただ一生懸命にやっているだけでした。そんな私に、「自分でそれがスキルだということに気づくこと」「それをどう活かすか考えること」

の大切さを教えてくれたのが先生でした。

私は自分からエレクトーンをやっていることを周りにアピールしていなかったわけですが、偶然、先生が知ってくれたことで、新しい展開があったり、自分でその特技を意識したりできるようになりました。

もし、自分からエレクトーンをやっていることを周りに言っていたら、また違う展開があったかもしれません。

得意なことや、やりたいことがあったら、人が見つけてくれるのを待っていないで自分からアピールしていきましょう。

意外な人が、意外な展開をもたらしてくれるかもしれません。

ただ、最近気になるのは、「夢なんですけどね」と言いながら諦めている人が多いことです。「これ、夢なんです」と言われたら、話を聞きたいと思います。さらに、自分に力を貸せることがあれば手を差し伸べたいと思います。そういう気持ちで話を聞いているのに、「まあ、夢なんですけどね」と諦めている人が多いように感じます。

また、「でも、田舎に住んでいるから」とか、「お金がないから」と夢をかなえられない言い訳をしている人もいます。


これでは、夢なのか、夢ではないのか、わかりません。自分で本当に実現したいという気持ちがないのに、周りの人に言っても何も展開はのぞめません。周りの人にも「本当は夢ではないいんだね」と思われてしまうだけです。


夢は実現しようと努力することが大切です。

その夢はもしかしたらかなわないかもしれませんが、目標をもって前進し続ければ、夢に近づくことはできます。

そして、「夢に向かって一歩ずつ前に進む」というその努力が、必ずあなたを輝かせてくれます。

耳の痛い忠告も しっかり聞くことが大事。 痛いアドバイスが自分のプラスに

37

38

私を輝かせる
賢い考え方

「なりたい自分」になるために、自分で自分の内面を見つめ直して磨いていくというのは大切なことですが、周りの人の言葉を聞くことも大切です。

周りの人からは、優しいアドバイスもあると思いますが、きっと耳が痛い言葉もあると思います。

でも、それが大事なんです。

おそらく「耳が痛い」と思うのは、自分でも、心のどこかで、それがわかっているからです。だからこそ、そこをツッコまれると「痛い」と思うのです。

それをあえて言ってくれる人は、大事にしなければいけない存在です。なぜなら、「痛い」ところをツッコんだら、あなたから反論されたり、嫌われたりする恐れがあります。そのリスクを冒して言ってくれるのですから、耳を傾けるだけの価値はあります。

そもそも、厳しいことを言ってくれる人はなかなかいません。心の中では思っていても口に出さない人のほうが多いものです。

いいことだけを言ってくれる人と、うわべや建前だけで付き合っていると、「痛い」思いをすることはありませんが、あなたのプラスにもなりません。
あなたにいいアドバイスをくれる人を大切にしましょう。言われたとき、ちょっと耳が痛くても「ああ、そうだな」と納得できる意見こそ、あなたを成長させてくれるはずです。

私は一緒に仕事をする仲間を選ぶとき、私の考えとは違う考えをもっている人を入れるようにしています。
「私とは違う考えをもっている人」というのは、性格が違う人という意味ではありません。性格が合わないと一緒にいるのがつらくなってしまいがちなので注意が必要です。「違う考えをもっている」というのは、「私とは違う角度から物事を見ることができる人」という意味です。

私は、私が言うことを何でも「はいはい、そうですね」と受け入れてくれる人は、信用できないと思っています。つねに私の意見にみんなが賛成ということになれば、私の意見以上の進展がのぞめません。

私が一緒に仕事をしたいのは、基本的な考えは賛同しつつも、自分の意見をはっきり言ってくれる人です。「もうちょっとこうしたら？」とか、「もっと違う、こういう考え方もあるよ」というふうに、私の意見をもとにどんどん考え方を広げていってくれる人を大事にするように心がけています。


はっきり意見を言ってくれる人とは、ときには激しくぶつかるかもしれません。

感情のぶつけ合いはケンカになってしまうのでよくありませんが、お互いの意見をぶつけ合うのは大切なことです。「ここは納得できるけれど、ここは納得できない。説明して」と意見を戦わせることで前に進んでいくからです。

何か新しいものが生まれるときというのは、ぶつかるものなんです。ぶつかることを避けるようでは、その相手は本当のパートナーとはいえません。

また、逆に、あなたも相手にきちんと意見の言えるパートナーになれるように心がけましょう。

38

38
私を輝かせる
賢い考え方

後悔はしないで、反省をする。改善の積み重ねが輝く自分をつくる

私は、研修の講師を務めていますが、研修のあと、帰り道の途中で反省の時間をつくるようにしています。

たいていの場合、研修会場から最寄りの駅まで、5〜10分くらい歩く時間があるので、その時間に、歩きながら、終わった研修について振り返ってみるのです。

どんなに準備しても、つねに100％の研修ができるということはありません。「ああ、あそこはもうちょっと違うやり方のほうが合っていたな」とか、「あそこはちょっとわかりづらかったかな。次回は、変えてみよう」と、駅に着くまでの間に考えてみるのです。

ときには、自分自身のやりかたに納得がいかなくて「失敗したな」と思うこともあります。そういうときも、「ああ、あそこの進め方は、ちょっと無理があったかな。もう少し具体例が必要かな」「あそこの落とし込みは、プロセスをもう少し丁寧にしたほうがよかったかな」とか、「ちょっと構成がよくなかったかな。もう少し構成を練り直そう」と冷静に振り返るように心がけています。

うまくいかないことや失敗には理由があるものです。その理由を分析することが大切だからです。

「うまくいかないな」「失敗したな」と思うと落ち込んでしまいがちですが、「ああ、どうしてああしてしまったんだろう」と思い悩むのは単なる後悔です。

よく「もし、ああしていたら」「あのとき、ああしていれば」と、「たられば」の後悔をする人がいますが、終わってしまった過去のことをいつまでも悔やんでも、過去を変えることはできません。

変えられるのは未来だけなんです。

ですから、変えられない過去を、いつまでも後悔するのはやめましょう。それよりも、前に進むことを考えましょう。

二度と同じ失敗をしなければいいんです。「また同じ失敗をしないようにするにはどうしたらいいか」を考えることのほうが重要です。

私は、反省して、次にどうしたらいいかを考えたら、もうウジウジと悩んだりしないことにしています。

あなたも「失敗したな」と思うことがあっても、落ち込んだりしていないで、前に進むことを考えるようにしてみてください。

もちろん、しっかり反省することは大切です。でも、「たられば」の後悔は必要ありません。後悔している限り、いつまでもその場所から動くことができなくなってしまいます。同じ場所にいつまでも足踏みしていないで、きちんと考えて次の一歩を踏み出しましょう。

ポイントは、すぐに振り返ってみるということです。「夜、家に帰ってからじっくり反省しよう」と思うと気が重くなってしまいませんか？　終わったらすぐに、短時間で振り返るようにするのがおすすめです。

きちんと振り返って、改善策を考えていけば、同じ失敗をしないようになります。そうすると、きっと自分に自信もわいてくるはずです。

おわりに

　人生がすべて、自分の計画通りに進んだり、思った通りになったりしたら、どんなにラクでしょう。

　でも、現実は、そうはいきません。

　自分の思い通りにならなかったり、予想していなかったことが起こったり、毎日の生活は自分でコントロールできないことの連続です。


　でもそんなとき、「○○のせい」なんて、他の人や物のせいにしても何も始まりません。落ち込んだり、むやみに傷ついたり、イライラしたりしていても状況はよくなりません。それどころか、いつまでもネガティブな気持ちでいたら、事態は悪いほうへ転がって行ってしまうかもしれません。

　本編でもお話ししましたが、人というのは、いい方向よりも悪い方向に心が傾きがちです。ネガティブな気持ちに引っ張られがちなんです。

でも、いつまでも、うつうつ、ジメジメなんてしていたら、時間がもったいないと思いませんか？

そういうときは、つらくてもちょっと踏ん張って、「きっとこの試練には何か意味があるはず」と前向きに考えてみてほしいんです。

立ち止まって、冷静に周りを見まわしてみてください。そうすると、きっと「ああ、そうか！」と気づくことがたくさんあると思います。

私も今までいろいろな経験をしてきましたが、つらいことがあったときは「試練は神様から与えられたギフト」と思うことにしています。

「人生で体験する試練というのは、自分がもう一歩踏み出したり、成長したりするためのチャンスなのだ」と考えて、自分を奮い立たせるようにしているんです。

ちょっと前向きな考え方をするだけで、心は少し軽くなります。

事実は変わることがなくても、前向きな考え方をすることで自分の受け止め方を変えることができます。ちょっと前向きな考え方に変えるだけで、自分を守り、癒すことができます。

私はこれまで、試練や苦労がたくさんある社会の中で奮闘している女性にもたくさん会ってきました。そして、女性たちがモヤモヤしたり、心が鈍感になってどうしたいのかわからなくなったりしている状況もたくさん見てきました。

私は、そんなふうにモヤモヤしたり、悩んだりしている女性たちは、みんなまじめだなと好感を抱きました。でも、その一方で、「少し考え方を変えたら気持ちが軽くなるのに」と思ったのです。

そこで、この本では、モヤモヤしたり、悩んだりといったネガティブな世界にハマってしまった女性が、そこから抜け出すためのヒントになる前向きな考え方をたくさん紹介しました。

ぜひこの本を参考にして、ちょっと前向きな考え方と、周りへの感謝の気持ちをもってみてください。そうすると、きっと見える光景が変わってきますよ。「私って、私の人生って、捨てたもんじゃないよね」と思えるはずです。

気持ちがヘコんでしまったとき、この本を読んで、「私って、意外とイケてる！」と感じて、ちょっと笑顔になってもらえたらうれしいです。

最後になりましたが、今の私があるのは、仕事を通してかかわった多くの先輩方が、しっかり私と向かい合い、ときに厳しく忌憚のない意見を聞かせてくださり、ときに寄り添うように見守ってくださったからだと思っています。

その経験が私の軸を作り、さまざまなことに、しなやかに、たくましく対応できる私を作ってくれたのだと思います。

これまでのすべての経験が「ギフト」だと思っています。そんなギフトをくださったすべてのみなさまに心から感謝します。

石川利江

［著者］石川 利江（いしかわ みちえ）
企業研修講師、キャリア・アドバイザー、アートセラピスト
株式会社 Be-Jin 代表取締役
一般社団法人 PB Lab. 専務理事
一般財団法人ひらめき財団講師ディレクター

1986年、全日本空輸株式会社に国際線客室乗務員として入社。国際線チーフとして、乗務員の育成、長距離路線客室全体責任者などを務める。1994 年に退社。米国カリフォルニア州での日本語教師を経て、1998 年にスカイマークエアラインズ株式会社に入社。客室乗員部指導及び国交省対応、客室乗務員、乗務員採用、指導育成、役員秘書、広報業務を担い、2008 年に退社。同年よりフリーランス研修講師となり、2010 年にオフィス BE-JIN を設立。2014 年に株式会社 Be-Jin 代表取締役に就任。

［Be-Jin 公式サイト］https://www.be-jin.com/
［石川利江公式ブログ］https://be-jinmichie.amebaownd.com/

こころ豊かに美しく生きる
私を輝かせる賢い考え方38

2018 年 4 月 20 日〔初版第 1 刷発行〕

著　　者　石川 利江
発 行 者　佐々木 紀行
発 行 所　株式会社カナリアコミュニケーションズ
〒 141-0031　東京都品川区西五反田 6-2-7 ウエストサイド五反田ビル3F
TEL　03-5436-9701　FAX　03-3491-9699
http://www.canaria-book.com
印 刷 所　石川特殊特急製本株式会社
装丁・ＤＴＰ　grass、美友堂
編集協力　小高希久恵

ISBN 978-4-7782-0431-0　C0034

カナリアコミュニケーションズの
書籍ご案内

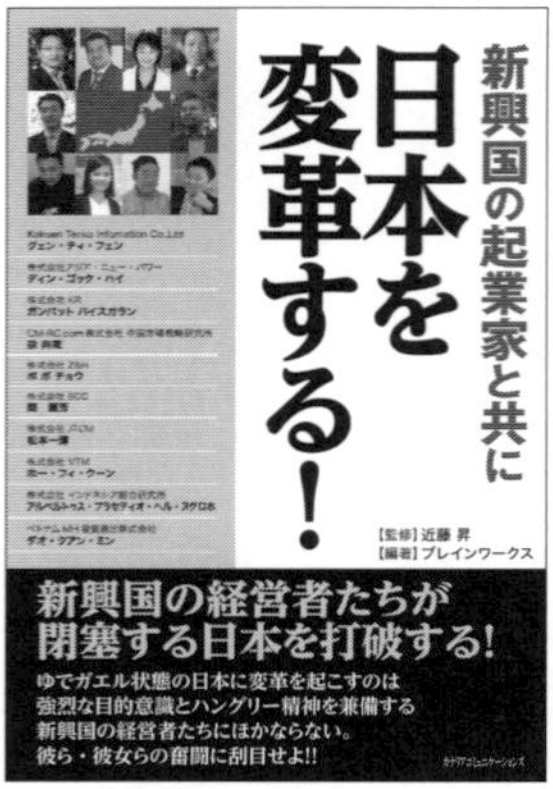

新興国の起業家と共に
日本を変革する!

近藤　昇　監修
ブレインワークス　編著

商売の原点は新興国にあり！

新興国の起業家と共に日本の未来を拓け!!

新興国の経営者たちが閉塞する日本を打破する！

ゆでがえる状態の日本に変革を起こすのは強烈な目的意識とハングリー精神を兼備する新興国の経営者たちにほかならない。

彼ら・彼女らの奮闘に刮目せよ!!

2018年３月15日発刊
定価1400円（税別）
ISBN 978-4-7782-0417-4

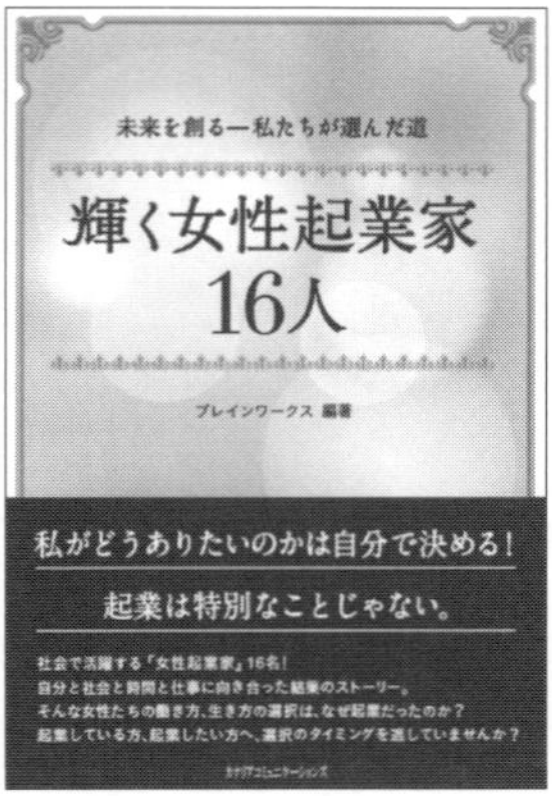

輝く女性起業家 16人
未来を創る ── 私たちが選んだ道

ブレインワークスグループ

私がどうありたいのかは自分で決める！

起業は特別なことじゃない。

社会で活躍する「女性起業家」厳選16名！

自分と社会と時間と仕事に向き合った結果のストーリー。

そんな女性たちの働き方、生き方の選択は、なぜ起業だったのか?

起業している方、起業したい方へ選択のタイミングを逃していませんか?

2017年10月15日
定価1300円（税別）
ISBN 978-4-7782-0412-9